HIDROPONÍA

UNA GUÍA PARA PRINCIPIANTES PARA
CONSTRUIR SU PROPIO JARDÍN
HIDROPÓNICO

TOM GORDON

HIDROPONÍA

© Copyright 2019 - Todos los derechos reservados.

El contenido de este libro no puede ser reproducido, duplicado o transmitido sin el permiso escrito directo del autor o del editor.

Bajo ninguna circunstancia se podrá culpar o responsabilizar legalmente al editor, o al autor, por cualquier daño, reparación o pérdida monetaria debido a la información contenida en este libro. Ya sea directa o indirectamente.

Aviso legal:

Este libro está protegido por derechos de autor. Este libro es solo para uso personal. No puede enmendar, distribuir, vender, usar, citar o parafrasear ninguna parte, o el contenido de este libro, sin el consentimiento del autor o editor.

Aviso de exención de responsabilidad:

Por favor, tenga en cuenta que la información contenida en este documento es solo para fines educativos y de entretenimiento. Se ha hecho todo lo posible por presentar una información precisa, actualizada, fiable y completa. No se declaran ni se implican garantías de ningún tipo. Los lectores reconocen que el autor no está comprometido en la prestación de asesoramiento legal, financiero, médico o profesional. El contenido de este libro se ha obtenido de varias fuentes. Por favor, consulte a un profesional autorizado antes de intentar cualquier técnica descrita en este libro.

Al leer este documento, el lector está de acuerdo en que bajo ninguna circunstancia el autor es responsable de las pérdidas, directas o indirectas, en que se incurra como resultado del uso de la información contenida en este documento, incluyendo, pero sin limitarse a ello, errores, omisiones o inexactitudes.

HIDROPONÍA

Índice

Introducción v

Capítulo Uno - Diferentes Tipos De Jardines Hidropónicos 1

Capítulo Dos - Cómo Construir Tu Propio Sistema 21

Capítulo Tres - Ciclo De Operación 34

Capítulo Cuatro - Las Mejores Plantas Para La Jardinería Hidropónica Y La Nutrición 60

Capítulo Cinco - Mantenimiento De Tu Jardín Hidropónico ... 85

Capítulo Seis - Control De Plagas 113

Capítulo Siete - Mitos Y Errores Que Se Deben Evitar 140

Palabras Finales 153

INTRODUCCIÓN

Cuando pensamos en la jardinería, lo que nos imaginamos a menudo es un hombre o una mujer a cuatro patas agazapados sobre un terreno de tierra. Cavan un hoyo, colocan una semilla o incluso una planta entera que han comprado, la siembran y listo. O tal vez pensamos en la jardinería relacionado con la agricultura y nos imaginamos lo mismo, solo que esta vez no hay alguien agachado sino una serie de inventos mecánicos que hacen todo ese trabajo. Puedo asegurar de que no pensamos en una instalación de interior, ya que se está relacionado con las plantas colgantes y los verdes decorativos más que con el concepto de la jardinería. Esto sugeriría que nuestro principal indicador que separa la jardinería de la posesión de unas pocas plantas es la tierra misma, el suelo que es parte de la Madre Tierra. Pero los hechos son bastante diferentes.

Hay muchas maneras diferentes de practicar la jardinería. El clásico macizo de flores en el jardín delantero es solo una de ellas. Aquí veremos otra de ellas: La hidroponía. Decir que la hidroponía es una nueva moda en el mundo de la jardinería desacreditaría su historia que se remonta a los jardines colgantes de Babilonia y los jardines flotantes de los aztecas. Incluso hay jeroglíficos egipcios que describen una forma de hidroponía. Más recientemente, la hidroponía tuvo un lugar dentro del programa espacial de la NASA. Claramente, esta no es una nueva moda. Pero los cultivadores comerciales y los científicos se están acercando este método, lo que lleva a que se utilicen más montajes hidropónicos y a que se investigue más sobre las ventajas de la hidroponía.

Entonces, ¿qué hace que la jardinería hidropónica sea diferente de la tradicional? Como su nombre lo indica, el agua (hidro) juega un papel clave. El jardín hidropónico en realidad no utiliza el suelo. Por lo contrario, los jardines hidropónicos utilizan soluciones basadas en nutrientes a través de la circulación del agua. Un jardín hidropónico desecha la tierra y en su lugar utiliza un medio de cultivo inerte como los gránulos de arcilla, la vermiculita, la perlita o uno de varios otros que aparecerán a lo largo de este libro. Lo que esto hace es dejar que las raíces de la planta toquen directamente la solución nutritiva, obtengan más oxígeno al no estar enterradas en el suelo, y juntos ambos promueven el crecimiento.

El crecimiento que esto promueve puede ser bastante asombroso. Una instalación hidropónica, si se maneja adecuadamente, puede ver sus plantas madurar hasta un 25% más rápido que en la típica jardinería de tierra. No solo eso, sino que las plantas que crecen 25% más rápido también pueden rendir hasta 30% más. Esto se debe a que las plantas no necesitan trabajar tan duro para obtener nutrientes en un sistema hidropónico como lo harían en uno más tradicional. Básicamente, con las raíces obteniendo todo lo que necesitan para proveer a la planta de nutrientes, la planta puede centrarse en el crecimiento de su parte superior en lugar de tener que crecer sus raíces para el sustento.

Pero hay aún más beneficios en el uso de una instalación hidropónica que solo el desarrollo conveniente de la planta. A pesar del hecho de que el nombre es "hidro", los jardines hidropónicos utilizan menos agua que los jardines tradicionales basados en la tierra. Esto se debe a que el sistema hidropónico es un sistema cerrado. Esto significa que hay menos escorrentía, evaporación o aguas residuales en un sistema hidropónico. Por lo tanto, cuando un jardín hidropónico se establece y se mantiene adecuadamente, producirá plantas más grandes a un ritmo más rápido con menos tensión ambiental. Al parecer todos ganan.

Sin embargo, los jardines hidropónicos tienen algunas ligeras desventajas con respecto a los jardines tradicionales basados en la tierra. La mayor y más obvia de estas desventajas es que un jardín hidropónico costará más que un jardín de tierra, independientemente de su tamaño. Con un jardín de tierra, todo lo que tienes que hacer es cavar un hoyo, poner la planta o la semilla y luego regarla de vez en cuando. Esto no significa que tendrás un jardín saludable y de buen funcionamiento, pero es bastante fácil de poner en marcha. Un jardín hidropónico requiere tiempo y dinero para instalarlo, especialmente si nunca lo has hecho antes. Además, si no manejas de manera correcta tu instalación hidropónica, no es muy probable que mantengas esas plantas vivas. El mantenimiento es súper importante aquí, por eso hay un capítulo entero dedicado a ello más adelante. Hay muchos tipos diferentes de jardines hidropónicos que podemos establecer y algunos realmente tienen más riesgos que otros. Por ejemplo, en una instalación que utiliza una bomba (como un sistema de flujo y reflujo) esta se atascará si no se le da el cuidado adecuado y una bomba atascada podría ver todas sus plantas muertas como resultado.

Cabe señalar que nos centramos en la jardinería hidropónica que, a pesar de la similitud de su nombre, no es lo mismo que la jardinería acuapónica. La jardinería acuapónica es, de hecho, una mezcla de la hidroponía con el cultivo y la crianza de peces. Básicamente, la acuapónica es una configuración de jardín hidropónico en la que se introducen peces en el sistema. Estos peces crean residuos en el agua que ayudan a dar nutrientes a las plantas. Las verduras del jardín acuapónico, a cambio, limpian el agua para los peces. De esta manera, el jardín acuapónico provee tanto a los peces que se están criando como a las plantas que se están cultivando. La jardinería acuapónica es una gran forma de cultivar y criar alimentos con vistas a la sostenibilidad. Sin embargo, la jardinería acuapónica está más allá del alcance de este libro específico.

HIDROPONÍA

En este tomo exploraremos primero los diferentes tipos de jardines hidropónicos que podemos establecer. Estos van desde sistemas de goteo a sistemas de flujo y reflujo, desde aeropónicos a sistemas de mecha. Exploraremos las ventajas y desventajas que ofrecen para que tengas el conocimiento necesario para elegir el tipo de sistema que funciona mejor para ti. A partir de ahí veremos cómo se construyen estos sistemas. Aunque no construiremos cada tipo de sistema que existe, veremos el equipo general que necesitamos y exploraremos los detalles de los estilos más populares.

Después de que tengamos nuestros sistemas construidos, hablaremos del ciclo de operación de los jardines hidropónicos. Esto significa que exploraremos cómo instalamos nuestro material de cultivo, plantaremos semillas y discutiremos los diferentes temas relacionados con la iluminación y el recorte de nuestras plantas. Una vez que entendamos cómo operar estos sistemas, nos tomaremos un tiempo para examinar las diversas plantas que funcionan mejor para el crecimiento hidropónico. También investigaremos sobre la nutrición para averiguar qué queremos decir exactamente cuándo usamos esa palabra y qué nutrientes introducimos en nuestros sistemas.

Con el conocimiento del funcionamiento y la nutrición de nuestros jardines hidropónicos, podremos pasar a una discusión sobre el mantenimiento. Esta es una de las áreas clave que necesitamos comprender si queremos tener éxito con nuestros jardines hidropónicos. Sin un mantenimiento adecuado, no podemos esperar cultivar nada correctamente cuando estamos luchando contra los obstrucciones y los malos niveles de pH. Pasaremos del mantenimiento a las plagas, que requieren otra forma de mantenimiento. Afortunadamente, como veremos, las plagas no son tan comunes en una instalación hidropónica como lo son en los jardines tradicionales. Por último, exploraremos los errores y mitos que comúnmente surgen en relación con el inicio y mantenimiento de un jardín hidropónico.

A pesar de que estos jardines toman más tiempo para establecerse que los tradicionales, el conocimiento en este libro le dará una ventaja para comenzar su propio jardín. Los beneficios de la jardinería hidropónica hablan por sí mismos: plantas más grandes en menos tiempo. ¿Quién no querría eso?

CAPÍTULO UNO

DIFERENTES TIPOS DE JARDINES HIDROPÓNICOS

Si queremos convertirnos en jardineros hidropónicos, lo primero que tenemos que hacer es entender qué opciones tenemos disponibles. De esta manera podemos elegir un método que tenga ventajas y desventajas que se ajusten adecuadamente a lo que estamos buscando. Esto significa, por ejemplo, que, si no queremos arriesgarnos a que se produzcan obstrucciones, podríamos evitar el uso de métodos que impliquen el uso de bombas. Sin embargo, si vivimos en una zona en la que nos cuesta controlar la cantidad de luz en nuestro entorno, podríamos encontrarnos con un sistema que utilice una bomba en lugar de uno de los más sencillos como un cultivo de aguas profundas en la que la regulación de la luz también es importante.

Cada uno de estos sistemas ofrece ventajas y desventajas únicas entre las que podemos elegir. Pero esto no significa que un sistema en particular sea mejor que otro. Como la mayoría de las cosas en la vida, la elección de qué sistema hidropónico usar debe basarse en su horario, necesidades y habilidades. Por esta razón, no voy a elogiar las virtudes de ningún sistema en particular. En su lugar, miraremos los sistemas más populares para ver cuáles son sus beneficios y sus desventajas. De esta manera, usted tendrá el conocimiento necesario para elegir el tipo que es adecuado para usted.

SISTEMA HIDROPÓNICO

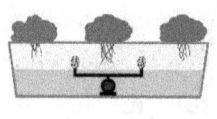
Aeroponía

Ténica de la película de nutrientes

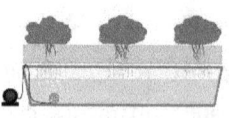
Sistema de mecha

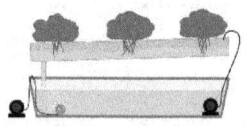
Sistema de riego por goteo

HIDROPONÍA

Sistema de riego por goteo

Este sistema es uno de los sistemas hidropónicos más populares, pero en realidad fue inventado para los jardines exteriores en Israel. En su forma más simplificada, el sistema de riego por goteo utiliza una bomba para mantener un goteo de agua rica en nutrientes que alimenta nuestras plantas. El lento goteo, en lugar del típico rociado de agua que vemos en los jardines, permite utilizar menos agua.

Típicamente, un sistema de riego por goteo está diseñado con dos partes claves. La primera es el depósito de agua rica en nutrientes que alimentará a las plantas. Sobre esto descansa la bandeja de cultivo en la que nuestras plantas están en maceta. Se instala una bomba en el agua y se conecta a la bandeja de cultivo. Desde allí, cada una de las plantas tendrá su propia línea de goteo. Esto significa que, si estás cultivando cuatro plantas en tu bandeja, usarás cuatro líneas de goteo. Dieciséis plantas, dieciséis líneas de goteo. Sin embargo, como queremos dar al medio de cultivo, esa sustancia que usa para reemplazar la tierra (y que veremos más adelante en el capítulo tres), tiempo para respirar para no ahogar las plantas, estos goteos usarán un sistema de temporizador. El medio de cultivo liberará lentamente el agua de vuelta al depósito, creando un sistema cerrado.

Un sistema de riego por goteo nos ofrece un gran control sobre la cantidad de agua y nutrientes que nuestras plantas reciben. Con este sistema somos capaces de controlar el goteo tanto por cantidad como por longitud. Esto significa que, si usamos demasiada agua en nuestro goteo, podemos marcarlo de nuevo; o, si nuestro goteo es demasiado largo o corto, podemos ajustar los temporizadores que estamos usando para experimentar hasta que encontremos la longitud adecuada. Una de las cosas interesantes del sistema de riego por goteo es que, aunque puede llevar un tiempo configurarlo y hacerlo bien en el período inicial, una vez que tenemos todo en su lugar y conocemos nuestros volúmenes, el sistema no requiere tanto mantenimiento general (dependiendo de la configuración particular) como otros métodos. Además, los materiales necesarios para crear un sistema de goteo no son tan costosos como algunos de los otros.

Sin embargo, un sistema de riego por goteo todavía utiliza una bomba y si esa bomba se encuentra obstruida puede ver nuestros jardines diezmados en pocas horas. Por supuesto, esto depende del tamaño del sistema. Mientras que el sistema de riego por goteo es genial para operaciones de cultivo a gran escala, podría ser demasiado complejo para operaciones más pequeñas. Algunos de estos sistemas utilizan lo que se llama un sistema de no recuperación, lo que significa que el agua no circula de nuevo en el depósito. Estos sistemas en particular requieren menos mantenimiento que los sistemas que hacen retroalimentación en el depósito, pero al hacerlo crean más desechos. Esto significa que independientemente del sistema que usemos, requeriremos más mantenimiento o crearemos más residuos.

Un sistema de riego por goteo funciona bien para una variedad de hierbas y plantas que van desde la lechuga, cebollas y guisantes hasta rábanos, pepinos, fresas y calabazas. Resulta que estos sistemas son realmente fantásticos para plantas más grandes. También funcionan mejor cuando se utiliza un medio de cultivo en el que el agua drena lentamente como el musgo de la turba o el coco.

Así que, si buscas cultivar plantas más grandes, el sistema de riego por goteo es una gran elección. Los sistemas de goteo requieren un poco de mantenimiento y pueden ser lentos de instalar al principio, pero una vez que se ponen en marcha, ofrecen un alto nivel de control sobre el proceso de crecimiento que a cualquier jardinero le encantaría.

Cultivo de aguas profundas

Considerado el más fácil de los sistemas hidropónicos, un cultivo en aguas profundas utiliza un sistema de reservorio en el que las raíces de las plantas están suspendidas. Básicamente, las plantas se sientan por encima y en lugar de gotear agua, solo se estiran para tomar el agua que quieren. Esto hace que el sistema sea bastante fácil de instalar.

HIDROPONÍA

Un cultivo de aguas profundas recibe su nombre por el uso de un depósito profundo y por la profundidad a la que las raíces se introducen en el agua. Otros sistemas, como la técnica de la película de nutrientes (NFT), exponen las raíces de las plantas al aire para que puedan absorber mucho oxígeno. Con este sistema instalamos una bandeja de cultivo sobre nuestro depósito, asegurándonos de que el material que utilizamos impide que la luz atraviese el sistema para evitar que las algas crezcan en su interior y estropeen el sistema. A partir de ahí, las raíces se suspenden en el agua y el agua misma se mantiene oxigenada mediante el uso de una bomba de aire. Esto se hace para evitar que las raíces se ahoguen en el agua.

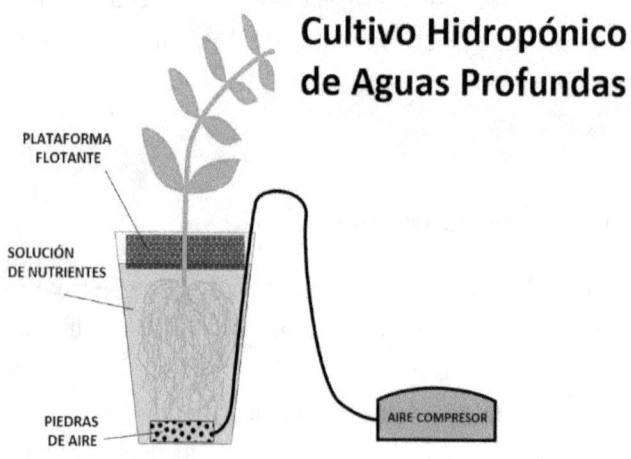

HIDROPONÍA

Eso es más o menos así. No era una broma decir que esto es una de las configuraciones hidropónicas más fáciles de empezar.

Los cultivos de aguas profundas son excelentes para esta simplicidad, pero está lejos de ser el único beneficio que ofrecen. Debido a que hay tan pocas partes móviles en un cultivo de aguas profundas son más bien de bajo mantenimiento. Hay una bomba de aire, pero no bombeamos agua en este sistema, por lo que el temor de perder nuestros jardines por una bomba defectuosa no está justificado aquí. La fácil instalación y el bajo mantenimiento de estos sistemas los hacen ideales para las personas que se inician en la jardinería hidropónica y desean ver si el enfoque es el adecuado para ellos.

Sin embargo, aunque la bomba del cultivo en aguas profundas es de aire y por lo tanto resulta en menos obstrucciones, todavía están en riesgo por los cortes de energía. Debido a que la bomba de aire es necesaria para oxigenar el agua, un corte de energía podría hacer que tu jardín se ahogara. Dependiendo del tamaño del sistema, puede ser muy difícil mantener los niveles adecuados de pH en el agua. Un sistema más pequeño es más difícil de hacer cambios menores en el nivel de pH, ya que ir un poco por encima o por debajo puede hacer una gran diferencia en tamaños más pequeños. Finalmente, puede ser realmente difícil mantener una temperatura de agua equilibrada en estos sistemas, ya que debemos tener cuidado con la exposición del depósito a la luz.

HIDROPONÍA

Debido a la forma en que está configurado el sistema, con las plantas descansando sobre el reservorio, la idoneidad de los cultivos para el cultivo en aguas profundas depende de varios factores clave. La primera clave es el peso. Si las plantas que elegimos son demasiado pesadas en la parte superior, pueden arriesgarse a que se caigan y se rompan o incluso que el peso de la configuración se desplace y golpee la parte superior. Ese es un desastre que nadie quiere experimentar. El otro punto importante es que tenemos que elegir plantas que les guste el agua. Esto significa que las plantas que prefieren condiciones de cultivo secas no lo harán muy bien en un cultivo en aguas profundas. Sin embargo, las plantas como la lechuga, a las que les gusta absorber el agua, amarán este sistema.

Además de la lechuga, algunas grandes opciones para este sistema son hierbas como la albahaca y verduras como la col rizada, la col, la acelga y la acedera. El Bok choy y el quimbombó también crecen bien en estos sistemas y ofrecen una variedad fuera de los vegetales tradicionales que uno piensa que son vegetales de jardín.

Así que si estás buscando cultivar algunas plantas que aman el agua, el cultivo en aguas profundas es un sistema que es fácil de instalar y requiere poco mantenimiento. Sin embargo, tenemos que ser cuidadosos con las plantas que elegimos. Si son demasiado pesadas en la parte superior o prefieren condiciones secas, el depósito de aguas profundas no es para ellas.

Técnica de película de nutrientes (NFT)

Con la técnica de película de nutrientes, usamos de nuevo un depósito de agua, pero esta vez lo bombeamos en una bandeja de cultivo que se ha colocado en un ligero ángulo. Hacerlo de esta manera significa que la gravedad se encarga de conseguir el agua rica en nutrientes de un extremo de la bandeja al otro, donde luego se drenará de nuevo en el depósito. En el capítulo cuatro se explica cómo añadimos nutrientes al agua. Debido a su diseño, este sistema se utiliza mejor para plantas con un sistema de raíces más pequeño. La configuración de la NFT es un sistema activo.

Las plantas en el sistema NFT solo tienen los extremos de sus raíces tocando el agua, para mantener las raíces capaces de tomar el precioso oxígeno que ayuda al crecimiento. Debido a que el sistema solo utiliza un poco de agua a la vez, las plantas nunca se ahogan en el agua.

Debido a la forma en que las plantas están posicionadas, es muy fácil comprobar si las raíces están enfermas en el sistema NFT. El uso de un depósito de agua que se retroalimenta en sí mismo reduce el desperdicio general de agua y el diseño del sistema facilita la escalada del proyecto hacia arriba o hacia abajo dependiendo del tamaño necesario. Además, a diferencia de los cultivos en aguas profundas, puede ser bastante fácil obtener los niveles de pH correctos usando una configuración de NFT.

Sin embargo, el NFT también depende de una bomba, por lo que el riesgo de fallo de la bomba y la destrucción de su cosecha es todavía una posibilidad que hay que tener en cuenta. Debido a la forma en que las raíces están encajadas en el sistema, pueden bloquear el flujo de agua. Es por eso por lo que las plantas con un gran sistema de raíces, como las zanahorias, no son una buena opción para el sistema NFT.

Debido a que las raíces no están realmente en un medio de crecimiento como los otros sistemas que vimos, esto significa que las plantas de alto peso tampoco funcionan aquí. Sin embargo, las hojas verdes como la lechuga o frutas como las fresas han encontrado un gran éxito creciendo a través de un sistema NFT.

Flujo y reflujo

El sistema de flujo y reflujo recibe su nombre de las inundaciones y drenajes periódicos de agua rica en nutrientes. También es conocido, adecuadamente, como el sistema de inundación y drenaje. En este sistema, el agua se inunda en la bandeja y empapa las raíces de las

HIDROPONÍA

plantas. Luego el agua se drena de nuevo hacia el depósito. Inundar, drenar. Inundar, drenar. Una y otra vez, de ahí el nombre.

Para que el sistema funcione correctamente, necesitamos instalar una bomba para inundar la bandeja de cultivo. Instalamos esta bomba con un temporizador en lugar de dejar que inunde constantemente la bandeja de cultivo y ahogue las plantas. Se coloca un tubo de rebose en la bandeja de cultivo para que el agua drene de nuevo hacia el depósito. Dependiendo de cómo lo instalemos, podríamos incluso incluir una bomba de aire para asegurarnos de que las raíces reciben el oxígeno que necesitan.

Lo bueno del sistema de flujo y reflujo es que no cuesta mucho empezar, ya que los materiales no son particularmente difíciles de conseguir. Este sistema asegura que nuestras plantas obtengan suficientes nutrientes sin ahogarse debido a la estructura fácil de construir. Una vez que el sistema está instalado, la parte más difícil de ponerlo en marcha es quitarlo. El sistema de flujo y reflujo es capaz de funcionar por sí mismo una vez instalado, pero aun así debe hacer el mantenimiento para asegurar el correcto funcionamiento.

Una vez más, este sistema utiliza una bomba, lo que significa que puede romperse y las bombas rotas son notorias por matar jardines enteros. Si la estructura no drena adecuadamente, las plantas corren el riesgo de ahogarse y los niveles de pH en un sistema roto pueden ser perjudiciales para las plantas. Es importante saber esto porque este sistema es propenso a las averías y por lo tanto tenemos que entender a qué áreas afecta más una avería.

Una de las cosas más interesantes del sistema de flujo y reflujo es que puede ser configurado para permitir casi cualquier tipo de planta o vegetal. No tanto las plantas que prefieren un sistema seco, pero el tamaño no es una preocupación aquí de la manera en que lo fue en la técnica de la película de nutrientes de configuración. Debido a lo fácil que es construir la estructura, podemos modificarla para que se ajuste a las necesidades de nuestras plantas con bastante facilidad.

Sistema de mecha

De todos los sistemas que tenemos y veremos, el de mecha es el más fácil. Es tan fácil, de hecho, que a menudo se recomienda como punto de entrada a la jardinería hidropónica. La mecha es un sistema pasivo con muy pocas piezas, ya que en un sistema de mecha no hay bombas de agua.

En este sistema, una vez más llenamos un depósito con agua y lo mantenemos bajo una bandeja de cultivo. Esta vez, sin embargo, no usamos tubos para llevar el agua a las plantas, sino que colocamos un material de mecha como una cuerda. Este material se coloca en el agua y se enhebra en la bandeja de cultivo. Nuestra bandeja de cultivo está llena de un medio de cultivo que es bueno para absorber y mantener el agua porque este sistema funciona muy lentamente. El agua viaja a lo largo de la mecha para alimentar lentamente a las plantas.

Este sistema es genial por su simplicidad y puede servir como una forma fácil de empezar a introducirse en la jardinería hidropónica. También es un sistema barato, lo que hace mucho más fácil para el cultivador novato invertir en él. Debido a que no hay una bomba que se descomponga, este sistema no corre el riesgo de una muerte prematura de la manera en que lo hacen los sistemas basados en bombas. La falta de una bomba también significa que este sistema no consume electricidad y puede ser refrescante para los que se preocupan por el tamaño de su factura de electricidad.

Sin embargo, a pesar de su simplicidad, todavía hay desventajas en el sistema de mecha que tenemos que considerar. El sistema es ineficiente en la entrega de nutrientes, por lo que las plantas que necesitan mucha agua y nutrientes no son una muy buena pareja. El sistema también puede ver una acumulación tóxica de nutrientes en el medio de cultivo si no tenemos cuidado de observar cuánta agua entra y se utiliza.

Debido a los bajos niveles de agua en los sistemas de mecha, se utilizan mejor para las plantas pequeñas. La lechuga y la más pequeña de las hierbas son buenas para un sistema de mecha, pero las plantas hambrientas de agua como los tomates odiarían absolutamente un sistema de mecha. Por esta razón, el sistema de mecha no ofrece casi la misma variedad que otros sistemas. Pero esa falta de variedad se compensa por la facilidad de configuración, haciendo que el sistema de mecha sea un gran sistema para los primeros en probar la hidroponía.

Aeroponía

Guardé lo más complejo para el final. La aeroponía elimina el medio de crecimiento y en su lugar deja las raíces de las plantas expuestas a más oxígeno, por lo que este sistema tiende a ver un crecimiento más rápido.

En este sistema, las raíces de las plantas cuelgan al aire libre del contenedor en el que se construye el sistema. En el fondo del sistema está nuestro depósito de agua rica en nutrientes. Sin embargo, las raíces no cuelgan en el agua esta vez. En su lugar, usamos una bomba del agua para rociar las raíces de las plantas con la solución de nutrientes. Esta bomba, por supuesto, está configurada con un temporizador, para asegurarnos de que no estamos sobrealimentando a las plantas. Esto hace que en lugar de que la planta gaste energía para crecer con raíces más largas en busca de nutrientes, los nutrientes lleguen a las raíces para que la planta pueda enfocar su crecimiento en otro lugar.

HIDROPONÍA

Este sistema es genial para producir plantas más grandes, ya que no necesitan centrarse en el crecimiento de las raíces. La falta de un medio de cultivo también significa que las raíces no necesitan asentarse; estamos llevando los nutrientes directamente a ellas. La exposición de las raíces al oxígeno también ayuda a promover el crecimiento. Esto significa que el sistema aeropónico es conocido por producir cultivos con rendimientos impresionantes. Este sistema tampoco requiere mucho espacio, así que puede ser construido para ser bastante móvil. Debido a la falta de un medio de cultivo, el sistema aeropónico es bastante fácil de limpiar.

Tenemos que asegurarnos de limpiarlo porque la atmósfera constantemente húmeda del sistema crea un ambiente en el que las bacterias y los hongos pueden prosperar. El sistema también es muy propenso a fallas relacionadas con las bombas y la pérdida de energía, lo que hemos visto que puede ser un gran asesino de nuestros jardines hidropónicos. La creación de un jardín aeropónico también cuesta más que los otros sistemas y es el más técnico de los sistemas hidropónicos, lo que significa que el conocimiento para entrar es mucho mayor también. También requieren una supervisión constante para protegerse contra las enfermedades de las raíces, los hongos y para controlar los niveles de pH y la densidad de la solución de nutrientes.

Sin embargo, este sistema permite mayores rendimientos y el sistema puede ser usado para cultivar casi cualquier tipo de planta. Esto significa que la variedad que ofrece el sistema aeropónico no tiene comparación con los otros sistemas que hemos visto.

Elegir el sistema que es adecuado para ti

Como muchas cosas en la vida, la elección del sistema hidropónico a utilizar es muy personal. Cada uno de nosotros persigue diferentes objetivos con nuestros jardines y tiene diferentes niveles de habilidad cuando se trata de manejar las cosas técnicas. Esto significa que la mejor opción disponible para nosotros con el fin de averiguar qué sistema utilizar es hacer preguntas basadas en nuestras necesidades y deseos, tales como:

¿Cuál es su nivel de habilidad para armar proyectos prácticos? Si es bajo, tal vez empezar con un sistema de mecha sería un comienzo ideal. ¿Qué tipo de plantas quiere cultivar? Si buscas plantas más grandes y pesadas, necesitarás usar un sistema que pueda soportarlas. Si buscas algo más pequeño, tendrás más opciones, pero eso no significa que debas hacerte pequeño si lo que buscas es una planta más grande. ¿Tienes el tiempo para invertir en una de las configuraciones de mayor mantenimiento o una más racionalizada como la mecha encajaría mejor en tu vida y en tus objetivos de jardinería?

Cada una de las configuraciones que hemos explorado en este capítulo ha sido escrita y explorada en profundidad a través de Internet con muchos relatos de primera mano de cómo resultaron. Si alguno te parece intrigante, siempre hay más investigación que se puede hacer para asegurarse de que es el adecuado para ti. Pero una cosa que se destaca cuando investigas esto es que cada uno ha sido utilizado con éxito y se ha demostrado que ha cultivado algunas plantas sorprendentemente saludables y de buen aspecto.

Tú más que nadie sabes lo que deseas. Mirando los beneficios, los tipos de plantas y las desventajas deberían darte una buena idea de por dónde empezar. Sugiero que te reduzcas a la opción que más te interese y sigas desde ahí.

HIDROPONÍA

Resumen del capítulo

- Hay seis sistemas principales cuando se trata de jardines hidropónicos.

- El sistema de riego por goteo está diseñado para ofrecer un goteo basado en un temporizador en cada planta individual. Da un gran control sobre la cantidad de agua y nutrientes que reciben nuestras plantas y puede ser utilizado para cultivar una impresionante variedad de plantas.

- El cultivo en aguas profundas es uno de los montajes hidropónicos más fáciles; permite sumergir las raíces de la planta en una solución de nutrientes.

- La técnica de película de nutrientes utiliza la gravedad y una bomba de agua para empapar las raíces de nuestras plantas, mientras que también les da mucha exposición al aire. Las instalaciones de NFT no funcionan bien con plantas de raíces grandes o demasiado pesadas en la parte superior.

- Los sistemas de flujo y reflujo funcionan inundando las plantas y luego drenando el agua. Este sistema puede funcionar con casi cualquier tipo de planta, dándole mucha versatilidad.

- La mecha es el más fácil de los sistemas hidropónicos y toma su nombre de la forma en que utiliza una mecha de tela para transportar el agua del depósito a nuestra bandeja de cultivo. Este sistema es un gran comienzo, pero no ofrece una gran variedad de lo que crece mejor.

- La aeroponía es un sistema hidropónico que se basa en la nebulización de las raíces de las plantas. Es el más técnico de los sistemas a establecer, pero puede ser el más gratificante. También funciona con una amplia gama de plantas.

- El sistema que mejor funciona para ti es una elección personal dependiendo de lo que desees crecer y de cuánto tiempo y habilidad tengas para establecer y mantener tu sistema.

En el próximo capítulo, aprenderás a construir tu propio jardín hidropónico. Veremos cómo instalar un sistema de riego por goteo, un sistema de mecha y un cultivo en aguas profundas. Estos van desde principiantes a intermedios en términos de dificultad de instalación y por lo tanto deben ser grandes puntos de entrada para aquellos que se enfrentan a la jardinería hidropónica por primera vez.

CAPÍTULO DOS

CÓMO CONSTRUIR TU PROPIO SISTEMA

Ahora que conocemos los diferentes tipos de instalaciones hidropónicas disponibles, es hora de ver cómo se construyen. Vamos a ver tres de las diferentes instalaciones, las más adecuadas para los principiantes. Como vimos anteriormente, cada sistema tiene sus propios pros y contras. Esto significa que el sistema que elija debe ser el que se ajuste a sus deseos. Sin embargo, este capítulo también puede ayudarte a determinar qué configuración es la adecuada para ti en base a lo difícil que es hacerla funcionar.

Si bien hay muchos sitios y negocios por ahí que le venderán kits hidropónicos, puede ser muy fácil hacerlos nosotros mismos. Esto no quiere decir que no haya valor en los kits comprados en la tienda. Pero antes de que gastemos mucho dinero, una instalación de bricolaje puede ser una gran manera de aprender lo básico de la creación de un jardín hidropónico. Una vez que sabemos lo que estamos haciendo, podemos empezar a añadir todo tipo de equipos y artilugios para personalizar y nivelar nuestros jardines. Pero tenemos que empezar en algún lugar y el bricolaje es un gran lugar para empezar.

Sistema de riego por goteo

Para este sistema, vamos a ver uno de los sistemas de goteo fáciles de construir. Este utiliza cubetas en los que se cultivan las plantas que aún reciben su agua rica en nutrientes a través de una serie de tubos. Para lograr este diseño, hay tres áreas clave que necesitamos construir: las cubetas, el depósito y los tubos. Veremos lo que se necesita para hacer una configuración de una sola planta, pero veremos lo fácil que es adaptar el sistema para incluir más.

Empieza con tu cubeta. Para nuestros propósitos, empezaremos con una cubeta con capacidad de cinco galones, pero puede aumentar o disminuir el tamaño según sea necesario. Lo primero que hacemos es dar la vuelta a la cubeta para que podamos llegar al fondo fácilmente. Buscamos colocar el desagüe en su lugar para que cualquier agua que se haya filtrado en el sistema sea reciclada de nuevo en el depósito. Para hacer esto, usaremos un accesorio de agujero pasante. Estos pequeños se utilizan en todo tipo de campos diferentes y puedes recoger fácilmente uno por un dólar o dos en cualquier ferretería.

HIDROPONÍA

Coloque el agujero pasante en el fondo de la cubeta, de modo de que el lado de la rosca haga contacto y trace alrededor de él. Esto debería dar un pequeño círculo en el fondo de los cubos. Queremos que este círculo esté más cerca del borde que del centro, ya que queremos que nuestra cubeta pueda establecerse cómodamente en una superficie elevada. Con eso en su lugar, recorte el círculo que ha trazado e inserte el agujero pasante en la cubeta. Ajuste el agujero pasante en su lugar. Su cubeta tiene ahora un drenaje instalado. Tome un filtro de algún tipo, puede ser un filtro de horno o de cualquier tipo en realidad, y corte lo suficiente para colocarlo sobre el agujero pasante dentro del cubo. Esto ayuda a mantener solo el agua que drena y no nuestro medio de cultivo.

Ahora, antes de pasar al siguiente paso, deberíamos pintar nuestras cubetas. Podemos duplicar esta tarea y pintar nuestros depósitos al mismo tiempo. Usar una pintura negra en el exterior de la cubeta para bloquear la entrada de luz provocaría el crecimiento de algas. Con las cubetas pintadas de negro, van a atraer mucho calor, lo que elevaría la temperatura del agua y podría resultar un verdadero dolor a largo plazo. Por esta razón, se sugiere que se utilice una o dos capas de pintura blanca sobre la pintura negra para reflejar la luz en lugar de absorberla.

Vamos a hacer un diseño similar en lo que se refiere a nuestro yacimiento, pero la diferencia clave es que el agujero que cortamos estará en la parte superior y no en la inferior. Habiendo pintado el depósito de negro y luego de blanco, cortaremos un agujero en la parte superior del mismo a través del cual podemos alimentar el cordón para nuestra bomba y para las mangueras. Eso es todo lo que el depósito necesita.

Pero para hacer que esto funcione desde aquí, necesitamos conectarlos usando tubos. Conectar el tubo a la manguera y alimentarla hasta la cubeta. Pueden usar pegamento, cinta adhesiva o cualquier método que prefieran para mantener el tubo en su lugar para alimentar sus plantas. Una forma efectiva es crear un lazo que se asiente en el interior del cubo, hacer una tonelada de pequeños agujeros en él y luego conectar ese tubo al tubo principal. De esa manera, el agua fluiría hacia arriba a través del tubo principal, se conectaría al tubo interior de la cubeta y funcionaría como un mini sistema de rociadores. Así, se asegura que el agua se esparza alrededor de la cubeta y no se confine a una sola área.

Con el tubo de alimentación en su lugar, tenemos que conectar el tubo de drenaje. Esto es tan fácil como enganchar nuestro tubo al agujero pasante que insertamos y volver a bajarlo en el depósito. Es importante que mantengamos nuestra cubeta de cultivo elevada por encima del depósito para que la gravedad pueda hacer su trabajo.

Para asegurarnos de que no estamos ahogando nuestras plantas, es importante que consigamos un temporizador digital y lo conectemos para no estar bombeando agua en todo momento. Consigamos un temporizador que nos permita establecer muchas horas diferentes en lugar de una sola porque queremos que nuestro sistema se apague y encienda varias veces al día en lugar de una sola vez. Necesitamos hacer esto para asegurarnos de que nuestras plantas reciben la cantidad correcta de nutrientes.

Así es como se establece un sistema de riego por goteo de una sola cubeta. Si quieres expandir el sistema, en realidad es muy fácil. Digamos que quieres hacer cuatro cubetas en lugar de una sola. Tomas esas cubetas, les haces los agujeros y las pintas. La mayor diferencia entre hacer un sistema de una sola cubeta y uno de cuatro cubetas, es la tubería. En lugar de utilizar un solo tubo desde el depósito hasta la cubeta, vamos a utilizar conectores en T.

Toma el tubo que sale del depósito y conéctalo a un conector en T. Esto te dará un tubo que se parece a un conector en T como los que vemos en las carreteras. En lugar de ser un tubo único con un extremo, ahora tienes dos tubos cada uno con su propio extremo. Esto nos permitiría usar una configuración de dos cubos. Sin embargo, elegimos una configuración de cuatro cubetas para este ejemplo. Esto significa que tenemos que tomar cada uno de esos tubos y volver a pasarlos por un conector en T. Ahora cada lado se divide en dos y tenemos cuatro extremos, uno para cada una de nuestras cubetas y hemos cuadruplicado el tamaño de nuestra operación de cultivo.

Con toda la construcción en su lugar, solo tenemos que empacar en nuestras cubetas. Algunas rocas en el fondo de cada cubeta pueden servir para ayudar a pesarlos, pero esto no es absolutamente necesario. Esto es más una precaución, aunque es una que se recomienda. Sobre las rocas, se empaca en el medio de cultivo y luego se colocan las plantas allí.

Y ahí lo tienes, tu propio sistema de riego por goteo hidropónico.

Sistema de mecha

Como vimos arriba, la mecha es en realidad el más fácil de los sistemas para empezar. También es uno de los sistemas más fáciles de construir ya que requiere muy poca habilidad técnica. Todo lo que necesitamos para empezar es una bandeja de cultivo, un depósito y un material para la mecha.

La mecha es simplemente el uso de un material reciclable que va de nuestro depósito a nuestra bandeja de cultivo. Puede ser cuerda, fieltro, cordel; cualquier material que puedas conseguir fácilmente con tus manos para la mecha funcionará.

HIDROPONÍA

En primer lugar, prepararemos nuestro depósito, llenándolo con la solución nutritiva que elijamos, lo que por supuesto depende de lo que estemos cultivando (para más información sobre las soluciones nutritivas, véase el capítulo cuatro). Una vez más, vamos a pintar el depósito de negro y luego lo cubriremos con una capa de pintura blanca para evitar que soporte algas o que crezca demasiado caliente. Luego vamos a cortar o perforar pequeños agujeros en la cubierta del depósito a través de los cuales enhebraremos nuestras mechas.

Nuestras bandejas de cultivo se llenarán con un medio particularmente adecuado para la mecha como la perlita o fibra de coco. Pero antes de llenarlas, primero tenemos que cortar o perforar pequeños agujeros en el fondo de la bandeja como hicimos con la cubierta del depósito. Estos serán más o menos del mismo tamaño porque es la forma en que la mecha lleva los nutrientes a las plantas.

En última instancia, tenemos nuestras mechas casi totalmente sumergidas en el agua. Esto no significa necesariamente que estén tocando el fondo del embalse, pero ciertamente se están acercando. Luego se alimentan y anidan en la bandeja de crecimiento muy cerca de las plantas. Podemos usar más de una mecha por planta dependiendo de las necesidades particulares de agua y nutrientes de la planta.

En cuanto a la instalación, eso es realmente todo. Colocamos nuestras plantas en la bandeja de cultivo y vemos cómo crecen. Sin embargo, hay algunos consejos y trucos que harán un sistema de mecha más exitoso. Podríamos considerar el uso de una bomba de aire para airear el agua para que nuestras plantas sean capaces de obtener más oxígeno, ya que esto les ayudará a crecer más rápido. Otra cosa que queremos considerar es mantener la bandeja de cultivo más cerca del depósito con un sistema de mecha que con un sistema de riego por goteo. Esto se debe a que los nutrientes no son bombeados a nuestras plantas en este sistema, sino que tienen que depender de lo que se llama acción capilar (también conocida como mecha). Al tener nuestras mechas más cortas, pueden proveer más fácilmente. La distancia entre nuestras mechas y la bandeja de cultivo es una forma de hacerlo. Otra es asegurarse de que el nivel del agua en nuestro depósito sea alto, ya que esto también acorta la distancia.

Una vez más, este sistema no es bueno para las plantas que requieren mucha agua y nutrientes, porque la absorción de los nutrientes es un proceso lento. Sin embargo, las hierbas y la lechuga pueden producir grandes cosechas en un sistema de mecha y esto hace que sea fácil introducir los conceptos de la hidroponía a alguien nuevo en el tema. ¡Incluso hacen grandes proyectos para que los niños se inicien en la hidroponía y la jardinería!

Cultivo de aguas profundas

HIDROPONÍA

A pesar de que el sistema de mechas se considera el más fácil de los sistemas hidropónicos para empezar la jardinería, el cultivo en aguas profundas es casi igual de fácil cuando se trata de construir. Para nuestros propósitos de explicación, haremos un solo cultivo de aguas profundas. Esto significa que diseñaremos uno como si estuviéramos cultivando una sola planta de tamaño medio. Este sistema puede adaptarse para que quepan varias plantas más pequeñas, aunque si queremos ir más grandes, primero tendremos que cambiar nuestro cultivo a un contenedor más grande.

Dado que un cultivo de aguas profundas utiliza aguas profundas (de ahí proviene el nombre), usaremos una cubeta de capacidad de cinco galones por la profundidad que nos da. Mientras que algunas personas se refieren a cualquier sistema de plantas que flotan en el agua como un sistema de aguas profundas, en realidad necesitamos más de diez pulgadas de agua para que se considere profundo. Podríamos cultivar una planta pequeña en un cultivo pequeño y hacer que sea equivalente en proporción a la de un cultivo en aguas profundas, pero aun así no sería apropiado llamarlo así.

Lo primero que haremos, sorpresa, es pintar nuestra cubeta de negro y luego de blanco. Ligeramente debajo de la tapa, también vamos a cortar un pequeño agujero para el tubo de nuestra bomba de aire para que podamos oxigenar el agua. Con estos dos pasos fuera del camino, podemos poner nuestras cubetas a un lado.

HIDROPONÍA

Debido a que un cultivo en aguas profundas funciona teniendo las raíces de la planta en remojo en el agua, tenemos que diseñar una configuración para que nuestras plantas puedan bañarse. Para ello, podemos salir y comprar lo que se llama una cesta de plantas. Esta es una canasta que se parece a tu típica maceta de plantas, pero en cambio, tiene una tonelada de agujeros en la mitad inferior. Alternativamente, también podemos tomar una maceta y luego cortar, perforar o soldar agujeros en ella. Esta será nuestra bandeja de cultivo.

Llenaremos nuestra bandeja de cultivo con el medio de cultivo deseado y la planta que queremos criar, pero primero tenemos que integrarla en el sistema. Para ello, haremos un agujero en la tapa de nuestra cubeta de capacidad de cinco galones. En este punto, es mejor cortar un agujero más pequeño y hacerlo más grande según sea necesario en lugar de empezar con un agujero grande. Esto se debe a que es mucho más fácil aumentar el tamaño del agujero que bloquearlo de nuevo. Si hacemos el agujero demasiado grande, nuestra bandeja de cultivo caerá en la cubeta y necesitaremos conseguir otra tapa e intentarlo de nuevo. Nuestro objetivo es que la mitad inferior de la maceta encaje en el agujero y se mantenga en su lugar por el borde de la maceta contra la tapa de la cubeta.

Antes, hicimos un agujero en la cubeta justo debajo de la tapa para la bomba de aire. La razón por la que no lo cortamos en la tapa es que cuando abrimos nuestro sistema para comprobar los niveles de pH y asegurarnos de que nuestros nutrientes están equilibrados, no queremos tener que jugar con ningún cable. Cuando abrimos nuestro sistema, solo deberíamos tener que quitar la tapa y, por lo tanto, la maceta de la planta.

Ahora todo debería estar en su lugar. Vamos a llenar la cubeta con nuestra agua, llevándolo hasta cubrir tres cuartos de la maceta que cuelga en su interior. Podríamos probar esto primero con agua simple para poder marcar el nivel de agua deseado en nuestras cubetas para que sea más fácil de ver hacia adelante. Mezcla la solución de nutrientes, llena la maceta con el medio de cultivo deseado y añade la planta o semilla.

Tomará una semana más o menos para que las raíces de la planta empiecen a salir de los agujeros que perforamos en nuestra maceta, por lo que es importante asegurarse de que el nivel de agua es lo suficientemente alto para que nuestras plantas obtengan la humedad que necesitan. A medida que las raíces empiecen a colgarse, el nivel de agua no importará tanto.

Y ahí lo tienen, acaban de crear un cultivo de agua profunda para sus plantas. Aunque puedes cultivar una planta de tamaño medio o un par de pequeñas en este cultivo, lo más probable es que quieras crear un par. Pero como has visto, eso no debería tomar mucho tiempo en absoluto.

HIDROPONÍA

Resumen del capítulo

- La construcción de un sistema de riego por goteo requiere una tubería, un depósito, una cubeta y una bomba. Este sistema requiere un poco de trabajo, pero es muy fácil de escalar al tamaño que se requiera.

- Para evitar que las algas crezcan en nuestros depósitos, las pintamos de negro. Para evitar que absorban demasiado calor, cubrimos la pintura negra con pintura blanca.

- Todo lo que necesitamos para establecer un sistema de mecha es perforar un agujero a través de la parte superior de nuestro depósito y el fondo de nuestra bandeja de crecimiento y pasar a través de un material mecha. Esto hace que la mecha sea el más fácil de todos los sistemas y genial para los principiantes.

- Un cultivo en aguas profundas implica la colocación de una cubeta o contenedor de agua y luego colgar nuestras macetas de cultivo en él. Este sistema fácil de instalar nos permite cultivar una planta de tamaño medio o un puñado de plantas de menor tamaño. Aunque no es tan escalable como el sistema de riego por goteo, la facilidad de configuración lo convierte en una gran opción.

HIDROPONÍA

En el próximo capítulo, aprenderá todo sobre el ciclo de funcionamiento de los jardines hidropónicos. Desde la elección del medio de cultivo hasta la forma de sembrar nuestras plantas y desde la iluminación hasta el recorte. Aunque ninguno de estos pasos es particularmente difícil en sí mismo, queremos asegurarnos de que tenemos un fuerte conocimiento de cada uno de ellos.

CAPÍTULO TRES

CICLO DE OPERACIÓN

Ahora que tenemos un sistema hidropónico instalado, tomémonos un tiempo para ver cómo funciona la operación. Esto significa que exploraremos los diferentes tipos de medios de cultivo disponibles para nosotros para ver qué funciona mejor para cada tipo de instalación. También exploraremos cómo sembramos nuestros jardines hidropónicos, cómo los iluminamos y qué hacemos cuando llega el momento de recortarlos.

Los medios de cultivo

Cuando se trata de elegir qué medio usamos en nuestras bandejas de cultivo, hay una gran variedad disponible para nosotros. Esto puede ser un poco intimidante al principio cuando no estás seguro de qué medio es el adecuado para ti y la jardinería que estás buscando hacer. Es importante que elijamos un medio que funcione con las plantas que planeamos plantar.

HIDROPONÍA

Esto significa que debemos tener en cuenta cosas como la retención de agua y el equilibrio del pH.

Antes de que veamos los medios en sí, se debe mencionar unas rápida palabras sobre los requisitos de los diferentes sistemas. La forma en que cada sistema está configurado y su funcionamiento en realidad dice mucho sobre qué tipo de medio de cultivo funciona mejor. Por ejemplo, un sistema riego por de goteo funciona mejor cuando se utiliza un medio de cultivo que no se empapa demasiado. En cambio, a un sistema de mecha le gusta un medio de cultivo que absorba y retenga el agua y la humedad con facilidad. Mientras que los sistemas de técnica de película de nutrientes quieren evitar un medio de cultivo que se satura fácilmente, un sistema de flujo y reflujo querrá tener un buen drenaje y un medio de cultivo que no flote. El primer paso para decidir un medio de cultivo es considerar la mecánica de su sistema de elección.

Fibra de coco

Es un medio de cultivo orgánico e inerte, la fibra de coco se hace con las cáscaras deshilachadas y molidas de los cocos. Cuando se trata del pH, el coco está muy cerca de la neutralidad. El coco retiene agua, pero también permite que pase una cantidad decente de oxígeno que ayuda a las raíces. Este medio se utiliza principalmente en el cultivo de contenedores o en sistemas hidropónicos de la variedad pasiva como el mechero. Debido a que puede obstruir las bombas y los goteadores, no es una gran opción para sistemas más activos como el sistema de flujo y reflujo.

Grava

La grava no absorbe ni retiene la humedad. En su lugar, la grava trabaja para dar un anclaje a las raíces de la planta. Por esta razón, la grava funciona mejor en un sistema que no requiere una tonelada de retención como un sistema de riego por goteo o un sistema de técnica de película de nutrientes. Cualquier sistema que mantenga las raíces de la planta en constante contacto con el agua puede hacer un buen uso de la grava.

En algunas configuraciones, como el sistema de riego por goteo basado en cubetas que vimos arriba, la grava se utiliza como capa inferior de la maceta. Esto permite un mejor drenaje ya que el agua ha pasado a través de cualquier medio que constituya la capa superior para encontrar grava que no la retiene en absoluto. También sirve para añadir algo de peso al fondo de la bandeja, lo que puede ayudar a evitar derrames por el viento u otros elementos.

Si está usando grava, asegúrese de lavarla bien antes de usarla en el sistema. Si quieres reutilizar la grava, asegúrate de lavarla una vez más. Hacemos esto para evitar que las sales o las bacterias entren en el sistema hidropónico y causen problemas como raíces quemadas, altos niveles de toxicidad y similares. La grava dentada también puede dañar las raíces, por lo que es mejor usar grava lisa como una forma de evitarlo.

Perlita

La perlita es en realidad una enmienda a nuestros medios de cultivo, lo que significa que se utiliza para mejorar un medio existente en lugar de ser utilizada por sí sola. La perlita se elabora calentando vidrio o arena de cuarzo, aunque por supuesto no tenemos que hacerla nosotros mismos, podemos comprarla en cualquier tienda de jardinería. La perlita ayuda a mejorar el drenaje y la aireación cuando se mezcla con otro medio de cultivo como la fibra de coco.

Debido a que estamos usando una mezcla de nutrientes y no solo agua pura, tenemos que preocuparnos por la acumulación de nutrientes. Los nutrientes de nuestras soluciones pueden ser absorbidos por el medio de cultivo y conducir a una acumulación de toxicidad que amenaza con matar nuestras plantas. Ningún jardinero quiere eso. El drenaje extra que ofrece la perlita ayudará a prevenir esta acumulación y ayudará a asegurar que el sistema de raíces de nuestra planta reciba el oxígeno que necesita para crecer. La perlita viene en diferentes grados, desde fino y medio hasta grueso. El tipo que usted necesita será determinado por

HIDROPONÍA

el resto de la mezcla de la maceta. La perlita nunca debe ocupar más de un tercio de la mezcla, sin embargo, ya que si se usa demasiado hará que flote y la perlita flotante no ofrece los beneficios, para lo que la queríamos en primer lugar.

Vermiculita

La vermiculita se parece mucho a la perlita. Viene en tres grados diferentes, que van desde fino, medio y grueso. Hecho por la expansión de la mica a través del calor, la vermiculita es otra enmienda de la mezcla de tierra y macetas. Esto significa que la vermiculita se mezcla con otro medio de cultivo para obtener los mejores resultados.

La vermiculita funciona como la perlita inversa. Donde la perlita ayudó con el drenaje de nuestro medio de cultivo, la vermiculita ayuda a nuestro medio de cultivo a retener el agua. Por esta razón, la vermiculita puede verse a menudo mezclada con perlita para su uso en sistemas hidropónicos de la variedad pasiva como los sistemas de mecha.

Lana de roca

Uno de los medios de cultivo más populares, la lana de roca se hace mediante el calentamiento e hilado de cierta roca con base de sílice en un material similar al algodón de azúcar. Esto crea un material firme que tiende a tener la proporción ideal de agua y oxígeno que las raíces de nuestras plantas aman. También tiene un pH neutro, lo que siempre es una ventaja.

Se puede encontrar en un montón de diferentes formas y tamaños, siendo la más común la forma de cubo. Estos cubos son increíbles para comenzar a producir semillas (que veremos más adelante). Estos cubos más pequeños se usan a menudo para comenzar el crecimiento de una planta antes de transferirla a otro medio de cultivo.

Debido a la versatilidad de la lana de roca, puede utilizarse para iniciar plantas antes de transferirlas a otro medio para cultivos en aguas profundas o sistemas de técnica de película de nutrientes. También se puede utilizar para sistemas de riego por goteo y sistemas de flujo y reflujo sin necesidad de transferencia.

Mezclando su medio de cultivo

Cuando se trata de qué medio de cultivo es el mejor, depende del trabajo que busques que aborde. Una vez que tengas una idea de lo que necesitas, puedes comenzar la tarea de mezclarlo todo. Hay muchos proyectos diferentes en el mercado que ofrecen medios de cultivo premezclados y estos pueden ser una gran manera de ahorrar un poco de tiempo y obtener lo que necesitas directamente de la caja.

Sin embargo, algunos de nosotros somos un poco más específicos y nos gusta ensuciarnos las manos en esta parte del proceso. Mezclar tu propio medio de cultivo puede ser una gran manera de asegurarte de que es 100% como quieres que sea. Pero esto puede ser un poco difícil si eres nuevo en la jardinería hidropónica y no sabes qué combinación de medios es la mejor. Parte de meterse en algo nuevo, y la jardinería hidropónica no es diferente, es que tienes que aceptar algunos momentos incómodos y tienes que aceptar que aprenderás de tus errores.

Como ejemplo de una mezcla, veamos lo que Upstartfarmers.com ha expuesto en su discusión sobre el encapsulamiento sin suelo. Ofrecen una fórmula para una mezcla que es una parte de fibra de coco o turba, una parte de perlita o vermiculita y dos partes de abono. Mientras que los sistemas que hemos visto no se centran en el abono sino en obtener nutrientes a través de la solución de nuestro depósito, esto nos muestra una mezcla sencilla. Noten que la perlita o vermiculita no excede el 33% (o 1/3) de la mezcla total.

Siembra

Cuando se trata de colocar plantas en nuestro sistema hidropónico, tenemos dos opciones disponibles. Podemos ir a la tienda y comprar una planta de semillero que luego trasplantamos a nuestro sistema. O podemos comprar semillas y podemos criar las plantas nosotros mismos. En esta sección, veremos esta segunda opción para ver cómo podemos convertir las semillas en plantas maravillosas para nuestros jardines hidropónicos. Pero esto significa que también exploraremos la primera opción porque cuando nuestras semillas estén listas para ser trasladadas a nuestros sistemas hidropónicos, las trasplantaremos como plántulas.

Hay mucha satisfacción en cultivar una planta a partir de una semilla. Comienzan como pequeños granos y pueden crecer para ser plantas grandes y exuberantes.

Es realmente un sentimiento maravilloso saber que eres el responsable de hacer que eso suceda. Pero hay beneficios en el crecimiento de las semillas más allá de la sensación que nos da.

Cuando compras semillas, tienes muchas oportunidades de cultivar las plantas que quieres. No todas las semillas se llevarán, pero sí suficientes para que puedas obtener fácilmente una tonelada más de plantas a través de las semillas por el mismo precio que saldrías y obtendrías una sola planta de semillero. Esto lo hace un enfoque rentable, así como uno que se siente realmente impresionante. La compra de semillas también te da más control sobre lo que cultivas, ya que no estás limitado en las opciones a solo las plantas de semillero que la tienda tenía disponibles cuando fuiste a buscar. Esto significa que puedes ser el que elija lo que cultivas y puede ser plantas raras y esotéricas o solo algunas lechugas y hierbas. La elección depende de ti.

Si cultivas las semillas directamente en el sistema hidropónico que estás planeando usar, entonces no tienes que preocuparte de trasplantar tus verduras a un nuevo sistema. Esta puede ser una manera de evitar causar un trauma a las plantas o terminar con daños en las raíces. El trasplante en el sistema también puede ser una manera de introducir enfermedades o plagas en su jardín y queremos evitar esto siempre que sea posible.

HIDROPONÍA

Cuando decidimos que vamos a empezar con las semillas, nos cuesta un poco de dinero por adelantado porque necesitamos crear algunas cosas para que empiecen a crecer. Sin embargo, este costo es mayormente cuando recién se comienza. Si ya has empezado con las semillas antes, puedes esperar ahorrar algo de dinero cuando llegues a ellas la próxima vez. La buena noticia es que realmente no necesitas hacer un esfuerzo para comprar un equipo súper especializado o materiales para empezar a crecer a partir de semillas. Todos los materiales que recojas pueden tener usos en otros pasos del proceso.

Asumiendo que ya has ido y escogido algunas semillas, ¿qué necesitas para empezar en tu jardín hidropónico? Lo primero que necesitamos es una bandeja de cultivo. Esta puede ser una que hayamos instalado antes, o podemos hacer una con una forma de cúpula para crear un invernadero en miniatura. No te preocupes si no tienes uno que se ajuste a esa descripción, esta es solo una forma de ayudar a nuestras semillas. Podemos usar cualquier bandeja de cultivo que tengamos disponible.

Queremos asegurarnos de que posicionamos nuestra bandeja de cultivo para que reciba buena luz, si las plantas son del tipo que le gusta mucha luz. También queremos asegurarnos de que la bandeja reciba una buena cantidad de calor. Conseguir una almohadilla de calor que se coloque debajo o asegurarse de que se mantenga en un área cálida ayudará a asegurar que los brotes comiencen a ocurrir.

En esta etapa, tenemos dos opciones disponibles. Nuestra bandeja de cultivo puede usarse específicamente solo para estas semillas, lo que significaría que tenemos que trasplantarlas cuando hayan crecido en las plántulas, o podemos usar una bandeja de cultivo que en última instancia es parte de la configuración hidropónica en sí. La segunda ruta puede ser útil porque evita los traumas que pueden ocurrir al tratar de trasplantar nuestras plántulas.

Después de que tengamos una bandeja preparada, vamos a querer salir y conseguir o hacer algunos tapones. Los tapones son pequeñas masas compactas de medio de cultivo sólido que se utilizan específicamente para el cultivo de nuestras semillas. Tienden a estar compuestas de pino, turba u otra materia orgánica. Podemos comprarlas o hacerlas, ya que son básicamente pequeños cubos de material con un pequeño agujero para que pongamos nuestras semillas.

Abre tu tapón y deja caer un par de semillas dentro de él. Hacemos un par por si alguna de las semillas no quiere crecer. Si hacen varias, siempre podemos quitar la planta más débil para que la más fuerte pueda crecer aún mejor. Después de dejar caer las semillas en el agujero, se arranca un pequeño trozo del tapón y se usa para bloquear el agujero. Lo haces para evitar que tus semillas se sequen o se salgan del tapón.

En la bandeja de cultivo, necesitarás aproximadamente una pulgada de solución nutritiva, aunque solo se desea que esa pulgada tenga la mitad de la fuerza que normalmente tendría. Coloca los tapones de semillas en la bandeja. Puedes esperar empezar a ver algunos brotes emerger dentro de cuatro o cinco días de la plantación. Asegúrate de vigilar los niveles de agua durante este período y añade más solución nutritiva a medida que los niveles disminuyan.

Así es como crece la semilla. Ahora, si has colocado esto en tu bandeja de cultivo principal, no tienes que preocuparte de trasplantarlas más tarde, puedes dejarlas crecer y seguir viéndolas como lo harías con cualquier otra planta de tu jardín. Sin embargo, si las iniciaste en una bandeja específicamente para semillas, entonces sí tendrás que trasplantarlas a tu sistema.

HIDROPONÍA

A medida que tus plántulas empiecen a crecer más fuertes, puedes dejar de preocuparte por reducir a la mitad la fuerza de la solución nutritiva y comenzar a mezclar la solución de fuerza regular. Cuando empieces a ver las raíces de las plántulas saliendo de la parte inferior del tapón de arranque, esta es la señal de que ya puedes empezar a trasplantarlas. Esto podría ser en cualquier momento de dos a cuatro semanas; todo depende de las plantas que estés cultivando.

Ahora que las plantas de semillero están listas, las tomarán y las trasladarán suavemente a su instalación hidropónica. Para hacer esto, vas a tomar la planta de semillero y la cubeta juntos. Deben abrir un lugar en tu jardín, coloca suavemente la cubeta y la plántula y luego cúbrelo suavemente con tu medio de cultivo preferido. Una vez hecho esto, querrás regar la planta desde la parte superior durante unos días para que crezca su sistema de raíces y busque naturalmente agua y nutrientes.

¡Y eso es todo! Ahora has cultivado tu propia planta desde la semilla hasta la planta de semillero y todo el camino a través del trasplante y el desarrollo de un sistema de raíces de forma natural. Trabajar con las semillas de esta manera nos permite tener más control sobre lo que cultivamos y asegurarnos de que no estamos introduciendo ningún problema en nuestro jardín que se puede encontrar en las plántulas disponibles para la compra en la tienda.

HIDROPONÍA

Iluminación

Cuando se trata de la iluminación, no puede haber un sustituto que compense el poder del sol. Hay una razón por la que la primavera y el verano son momentos tan hermosos y verdes del año. El sol es absolutamente la fuente de iluminación más poderosa disponible para las plantas.

Pero no vamos a usarla aquí, a pesar de todo eso. En su lugar, vamos a utilizar la iluminación artificial para tener un control completo sobre ella. No solo eso, sino que muchos de nosotros estamos interesados en la hidroponía porque no tenemos acceso a un espacio exterior en el que hacer un jardín. Si vives en un apartamento, es probable que estés leyendo esto porque te ofrece una opción para cultivar tu propia comida sin tener que salir de casa. Si puedes montar tu jardín hidropónico de manera que aproveche la luz natural del sol, ¡es genial! Pero si no puedes, tienes que buscar en la iluminación artificial y eso es lo que vamos a explorar.

Hay toneladas y toneladas de opciones disponibles para la iluminación. Tantas que puede ser realmente abrumador si eres nuevo en el tema. ¿Qué tamaño de luz quieres? ¿Qué espectro de color se supone que está jugando dentro? Diablos, ¿cuánta luz es la cantidad correcta? Puede ser realmente desalentador. Pero no se preocupe, es mucho más fácil de lo que todas esas opciones hacen parecer.

HIDROPONÍA

Abordando la cantidad de luz, podemos usar el sol como base para esto. Si estuviéramos cultivando plantas en el exterior, podemos esperar que necesiten unas cinco horas de luz solar directa y otras diez de luz solar indirecta. Esto significa cinco horas de remojo en el sol y diez horas de estar afuera, pero obteniendo un poco de sombra. Usando este sistema, podemos ajustar nuestra iluminación artificial en consecuencia. Usando luces artificiales, deberíamos dar a nuestro jardín hidropónico unas catorce horas de luz brillante y diez horas de oscuridad. Hacer este sistema todos los días imita el ciclo de iluminación natural del sol. No escatime en la oscuridad, tampoco. Podrías pensar que más luz significa un crecimiento más rápido pero las plantas son como nosotros en que necesitan descansar y metabolizar los nutrientes que están recibiendo.

Algunas plantas necesitan más luz, otras necesitan menos. Puedes pensar en un sistema estricto como un general, ya que este sistema funciona bien para la mayoría de las plantas y definitivamente puede ser una ruta exitosa para su jardín. Pero definitivamente debes ser consciente de los requerimientos de luz de tus plantas.

A algunas plantas les gustan los días cortos, lo que significa que quieren períodos más largos de oscuridad para funcionar. Con estas plantas, estar expuestas a más de doce horas de luz por día puede causar que no florezcan adecuadamente. Las fresas y la coliflor son ejemplos de plantas de días cortos. El ciclo de días cortos en realidad funciona para imitar los días más cortos de la primavera en los que a estas plantas les gusta crecer.

Las plantas de día largo son aquellas que quieren recibir hasta dieciocho horas de luz solar por día. Estas imitan el ciclo de días largos que viene con la temporada de verano. Algunos ejemplos de plantas de día largo incluyen lechuga, patatas, espinacas y nabos. Debido a que les gusta más la luz, no querrás mezclar plantas de día largo con plantas de día corto en la misma bandeja de cultivo. Si lo hace, espere escoger un ciclo de iluminación que satisfaga en medio de las necesidades largas y cortas.

También hay plantas que son más neutrales. Estas plantas tienden a ser flexibles y pueden trabajar con más o menos luz según sea necesario. La berenjena y el maíz son ejemplos de este tipo de plantas. Las plantas de día neutro pueden mezclarse con plantas de día corto o largo y crecen igualmente bien.

Si lo que se quiere es reemplazar el sol, la mejor opción para iluminar tu jardín hidropónico es conseguir un temporizador. Si instalas un sistema de flujo y reflujo antes, probablemente ya tengas un temporizador para asegurarte de que dejas escurrir la solución nutritiva antes de volver a lavarlas. Básicamente usamos el mismo tipo de temporizador, solo que, en lugar de estar configurándolo para una bomba, lo hemos configurado para nuestras luces. La duración del temporizador dependerá de lo que estés cultivando y de sus necesidades de luz, como se ha mencionado anteriormente.

Cuando se trata de las luces en sí, tenemos que entrar en una discusión sobre las bombillas. La bombilla más popular para usar en hidroponía tiende a tener entre 400-600 vatios y de un tipo llamado Descarga de Alta Intensidad. Estas bombillas tienden a estar encapsuladas en vidrio (con gas y sales metálicas arrojadas en la mezcla) y crean luz enviando electricidad entre dos electrodos en su interior. El gas ayuda a la bombilla a crear el arco y las sales metálicas se evaporan para hacer luz blanca. Hay dos tipos: bombillas de sodio de alta presión y bombillas de haluro metálico.

La bombilla de halogenuro metálico funciona como una luz completa que a la mayoría de los vegetales les encantará. Si tienes que elegir entre las bombillas de haluro metálico o las de sodio de alta presión, la de haluro metálico es la mejor opción. Tienden a ser caras, más de 150 dólares por una bombilla de 400 vatios, pero solo necesitan ser reemplazadas cada dos años, aunque pueden disminuir su eficiencia antes.

Los bulbos de sodio de alta presión se utilizan mejor para la etapa de floración de nuestras plantas. Son incluso más caros que los de halogenuros metálicos, pero tienden a durar hasta el doble. Sin embargo, también pierden eficiencia como los bulbos de haluro metálico.

Si queremos aumentar la eficiencia de nuestras bombillas, podemos usar una funda reflectora. Esta es una funda reflectora que rodea la bombilla y aumenta su eficacia haciendo rebotar la luz. Esto ayuda a que la luz golpee nuestras plantas desde diferentes ángulos para que podamos obtener una propagación más eficaz en nuestro jardín. También sirve para obtener un poco más de calor de los bulbos, ya que los rayos de luz ahora se cruzan entre sí y forman una sección más densa y por lo tanto llevan más calor y energía.

Así que cuando se trata de la iluminación, si solo puedes conseguir una bombilla, sal y consigue una bombilla de halogenuro metálico y una funda reflectora. Consigue un temporizador y asegúrate de ajustarlo a las necesidades de sus plantas. Al comprar plantas, casi siempre recibirá una etiqueta con alguna información sobre los requisitos de luz de la planta o las semillas. Después de esto y de configurar un temporizador apropiado, debes asegurarte de que sus plantas reciban toda la luz que necesitan.

Recorte

El último paso en el ciclo de operación de nuestros jardines hidropónicos es el recorte. Cuando las plantas están en su hábitat natural, la naturaleza juega el papel de jardinero y recortador. Estas plantas pueden pasar muchos años, a veces incluso toda su vida, sin ser recortadas o podadas. Una vez que se llevan las plantas al interior, ya sea en el interior con un sistema hidropónico o en un invernadero, la gente inmediatamente comienza a buscar esas tijeras de podar. Cuando consideramos la imagen de la jardinería que tenemos en nuestras cabezas, podemos ver que las películas y la televisión nos han dicho una y otra vez que queremos podar nuestras plantas. ¡Los personajes siempre lo hacen!

Pero la verdad es que, si no podamos nuestras plantas correctamente, nos arriesgamos a dañarlas. Para ser claros, esto significa que la poda que estamos haciendo es lo que puede dañarlas. No es una falta de poda. La poda inadecuada causa un estrés innecesario en nuestras plantas y puede causarles un daño serio, incluso llegando a dejarlas vulnerables a enfermedades o infecciones. Esto se debe a que cada vez que podamos nuestras plantas, lo que estamos haciendo es abrir una herida. Al cortar una rama, acabas de abrir tus plantas. Donde había una mano, en sentido figurado, ahora solo hay un muñón. Si piensas en el cuerpo humano, puedes ver por qué esto podría salir mal fácilmente. Tenemos que dar a los cuerpos de nuestras plantas el mismo respeto que daríamos a los de otros humanos. Esto significa que cuando vayas a podar, asegúrate de esterilizar tu instrumento de corte entre cada corte. Esto puede hacerse tan simple como mezclar cuatro partes de agua con una parte de lejía y sumergir las tijeras en la solución antes de cada corte.

HIDROPONÍA

Si la poda de nuestras plantas puede ser tan dañina, ¿cuáles son las razones por las que elegimos hacerla? En realidad, hay bastantes razones. Una es que queremos controlar el tamaño total de nuestras plantas. Si las plantas están creciendo en el interior, podemos podarlas para evitar que se extiendan y se interpongan en el camino de las zonas de paseo o la televisión, cosas así. Esta es la misma razón por la que cortamos las ramas de los árboles cuando se acercan demasiado a los cables de electricidad. También podríamos cortar nuestras plantas para mejorar su salud y la calidad de su floración. Si un trozo de la planta está muerto y en descomposición, tenemos que quitar ese trozo para promover la salud de la planta. También podemos querer quitar los trozos que no florecieron correctamente, de esa manera las partes florecientes saludables tienen más espacio para respirar y espacio para expandirse. Esto también evitará que la planta gaste energía tratando de reparar las partes dañadas y en su lugar puede usar esa energía para crecer.

Una razón para NO recortar sus plantas es aumentar el rendimiento general. El recorte no ayuda a nuestras plantas de esta manera. En lugar de recortar para aumentar, deberíamos recortar para promover una mejor salud.

Cuando hemos decidido dónde planeamos podar, sabemos que necesitamos una solución esterilizante para nuestras tijeras. Otra forma de prevenir enfermedades durante el proceso de poda es pellizcar los extremos de la planta donde se ha hecho el corte. Esto ayudará a que los extremos se curen más rápido. Es como coser un corte en tu brazo. Quieres mantener los extremos juntos para que la curación se vea favorecida y se reduzca el tiempo de curación. Debido a que podar la planta es tan estresante y la curación requiere energía, solo debes podar cuando sea absolutamente necesario y no debes hacer cortes a diestra y siniestra. Sería mejor podar un poco, esperar a que la planta sane y luego podar un poco más en lugar de hacerlo todo de una sola vez.

Si la razón por la que estás podando tu planta es que está creciendo demasiado alto para el área donde la estás alojando, considera hacer lo que se llama "topping". Cuando podamos de esta manera, lo que hacemos es cortar la parte superior del tallo principal de la planta.

HIDROPONÍA

Una vez que hacemos el corte, vamos a pellizcarlo como lo hacemos con cualquiera de nuestros cortes. Sin embargo, al pellizcar la parte superior del tallo principal después de un corte se consigue que la planta libere hormonas florales que harán que la planta empiece a centrarse en crecer hacia los lados en lugar de hacia arriba. Esta misma técnica se puede aplicar a las ramas laterales para lograr un efecto inverso donde comienza a crecer hacia arriba de nuevo. De esta manera, el "topping" nos permite tener cierto control sobre los patrones de crecimiento de nuestras plantas. El "topping" también produce un efecto extraño que los jardineros han notado. Esta técnica hace que las plantas tienden a producir más frutos pequeños. Mientras tanto, las plantas que no han sido recortadas con esta técnica tienden a producir menos frutos, pero de gran tamaño.

Si se está podando para quitar las hojas dañadas y moribundas, solo se deben quitar las hojas que estén más de la mitad de dañadas. Estas hojas ya no le proporcionan energía a la planta y en su lugar la están drenando de algunas en sus intentos de curarlas. Hay una idea equivocada de que, si las hojas de una planta se vuelven amarillas, deberías quitarlas inmediatamente. Sin embargo, el color amarillento de las hojas es la forma en que la planta trata de decirte que algo está mal. Típicamente significa que la planta está sufriendo mucho estrés. Esto podría significar que no está recibiendo los nutrientes y la luz que necesita o tal vez es incluso una señal de que la planta está lidiando con un problema de insectos. Cuando las hojas de la planta empiezan a ponerse amarillas, deberías mirar lo que la planta está tratando de decirte antes de empezar a cortarla. Si solucionas el problema, muy a menudo verás que las hojas vuelven a tomar su saludable color verde.

Así que, cuando llegue el momento de empezar a podar las plantas, asegúrate de esterilizar los instrumentos, piensa en cuánto estrés está poniendo en la planta y solo haz los recortes que sean absolutamente necesarios. Queremos cultivar plantas sanas y fructíferas, y esto significa respetar los cuerpos de sus plantas como ustedes respetarían los suyos.

Resumen del capítulo

- Hay muchos medios de cultivo diferentes disponibles en el mercado hoy en día. Incluso podemos mezclar los nuestros si queremos.

- La fibra de coco retiene el agua, pero permite que el oxígeno decente pase. Sin embargo, es propenso a obstruir las bombas.

- La grava no retiene la humedad, pero sirve para anclar nuestras plantas. También es buena para tener peso en las bandejas de cultivo logrando que esta no se derrame accidentalmente.

- La perlita se utiliza mejor junto con otro medio de cultivo y ayuda a ofrecer un mejor drenaje.

- La vermiculita es la perlita inversa; la añadimos a otro medio de cultivo para ayudar a retener la humedad.

- La lana de roca ofrece mucha versatilidad como medio de cultivo y es genial para empezar a cultivar tus semillas.

- La compra de semillas tiende a ser mejor que la compra de plántulas, ya que nos da más oportunidades de cultivar plantas y un mejor control sobre las plantas que queremos cultivar.

HIDROPONÍA

- Comenzamos a sembrar nuestras semillas en tapones en una bandeja de cultivo con una solución nutritiva a la mitad de la fuerza de nuestro sistema regular.

- Una vez que las semillas empiezan a brotar, transferimos la planta de semillero (con su tapón y todo) a nuestra instalación hidropónica.

- Cuando se trata de iluminar nuestro jardín hidropónico, intentamos recrear un ciclo de luz similar al del sol. Las plantas que estamos cultivando determinarán si necesitamos más o menos horas de luz que un día normal.

- Recortar nuestras plantas es en realidad una forma de dañarlas y por lo tanto solo debemos podarlas cuando es absolutamente necesario.

- Si estamos podando para el tamaño, deberíamos considerar un método de topping para que podamos controlar cómo crecen.

En el próximo capítulo, aprenderán todo sobre las plantas que funcionan mejor en nuestros jardines hidropónicos. No sólo eso, sino que también veremos los nutrientes con los que las alimentamos.

CAPÍTULO CUATRO

LAS MEJORES PLANTAS PARA LA JARDINERÍA HIDROPÓNICA Y LA NUTRICIÓN

Sabemos de qué se trata cada uno de los jardines hidropónicos, cómo hacemos varios de los nuestros y qué tipo de ciclo de operación podemos esperar que esté pasando. En este capítulo, echaremos un vistazo a las diferentes plantas que están disponibles para crecer en un jardín hidropónico. Vamos a echar un breve vistazo a cada planta para tener una idea de cómo crecen mejor en nuestras instalaciones hidropónicas. A partir de ahí vamos a ver la nutrición que nuestras plantas requieren.

Verduras

Cuando se trata de verduras, hay muchas opciones disponibles para nosotros. Vamos a ver un puñado de estas, pero primero, vamos a abordar algunas reglas generales.

Lo primero son los vegetales que crecen debajo del suelo. Son vegetales como cebollas, zanahorias y papas. Estas plantas todavía se pueden cultivar en un sistema hidropónico, pero requieren un trabajo extra en comparación con las que crecen por encima de la superficie, como la lechuga, la col y los frijoles. Esto significa que esas plantas bajo el suelo requieren una habilidad un poco más avanzada, y es posible que desee obtener algo de experiencia con su sistema hidropónico antes de tratar de abordarlas.

La otra regla general es que debemos tratar de evitar los cultivos como el maíz, el zapallo y cualquier otra verdura que dependa del cultivo de muchas enredaderas. Este tipo de plantas ocupan mucho espacio y no son cultivos muy prácticos para los sistemas hidropónicos. En lugar de centrarnos en un tipo de planta que no es práctica, podemos hacer un mejor uso de nuestro espacio y sistemas.

Frijoles

Hay muchos tipos diferentes de frijoles, desde los frijoles verdes a los frijoles de palo, de los frijoles de lima a los frijoles pintos. Dependiendo del tipo de frijol que planten, tal vez consideren añadir un enrejado a su configuración. Los frijoles ofrecen una amplia variedad de lo que se puede añadir y son un gran acompañamiento para casi cualquier comida. En cuanto a la temperatura, los frijoles prefieren un área cálida. También prefieren un nivel de pH de alrededor de 6.0.

Si se está cultivando frijoles a partir de semillas, puede esperar que tarden entre tres y ocho días en germinar. A partir de ahí puedes esperar otras seis u ocho semanas antes de que sea el momento de la cosecha. Después de que la cosecha comienza, la cosecha puede continuar por otros tres o cuatro meses.

Pepinos

Como los frijoles, hay algunas opciones diferentes cuando se trata de qué tipo de pepino podemos cultivar. Hay pepinos americanos de piel gruesa, pepinos libaneses de piel lisa, pepinos europeos sin semillas. Una amplia variedad de pepinos y la mejor noticia es que todos ellos crecen bastante bien en una instalación hidropónica. Donde los frijoles prefieren una temperatura cálida, los pepinos prefieren el calor directo.

HIDROPONÍA

Les gusta estar a un paso más de la calentura. También prefieren un nivel de pH entre 5.5 y 6.0

Los pepinos solo tardan entre tres y diez días en empezar a germinar. Tardan entre ocho y diez semanas en prepararse para la cosecha. Cuando se trata de cosechar pepinos, asegúrate de que los pepinos han tomado un color verde oscuro y que estén firmes cuando los agarre. Debido a que cada pepino crece a un ritmo diferente, puede esperar que la cosecha tome algún tiempo ya que no quiere recogerlos antes de que estén listos.

Col rizada

La col rizada es una verdura deliciosa y nutritiva que es una gran adición a casi cualquier comida. Hay tantos beneficios para la salud de la col rizada que a menudo se considera un superalimento. La col rizada prefiere una temperatura ligeramente más fría; crece mejor en un rango entre frío y caliente. Al igual que los pepinos, la col rizada prefiere un nivel de pH de 5.5 a 6.0.

La germinación de la semilla solo toma de cuatro a siete días. Sin embargo, para obtener la cosecha se necesita entre nueve y once semanas. Es un poco más largo cultivar coles que frijoles o pepinos, pero se puede cosechar de tal manera que siga creciendo. Si solo cosechas el 30% de tu col rizada cuando llega el momento, esto permite que vuelva a crecer rápidamente. Haciendo esto significa que puedes mantener fácilmente este superalimento en tu jardín y en tu dieta.

Lechuga

Como han estado leyendo este libro, apostaría que es seguro decir que ninguna planta ha aparecido más a menudo en nuestra discusión que la lechuga. Esto se debe a que la lechuga prospera en condiciones de cultivo hidropónico, lo cual es genial ya que puede ser usada para hacer ensaladas, dar textura y sabor a nuestros sándwiches y hamburguesas y es una verdura versátil para tener en la cocina.

El cultivo de lechuga ofrece mucha variedad. Mientras que la lechuga prefiere una temperatura fresca y un nivel de pH entre 6.0 y 7.0, funciona en cualquiera de los sistemas hidropónicos que pueda hacer. Por esta razón, la lechuga es una gran planta de entrada para los hidropónicos. La lechuga solo tarda un par de días en germinar, pero el tiempo de cosecha depende del tipo de lechuga que decidas cultivar. Por ejemplo, la lechuga de hojas sueltas solo tarda de 45 a 50 días en cosecharse. La lechuga romana puede tardar hasta ochenta y cinco días.

Pimientos

Al igual que los tomates, los pimientos son técnicamente una fruta, pero están tan estrechamente ligados a los platos y cultivos basados en vegetales que mucha gente los considera vegetales. Por esa razón, veremos tanto los pimientos como los tomates en esta sección. Los pimientos comparten muchas similitudes con los tomates en sus preferencias de cultivo. A los pimientos les gusta un nivel de pH entre 5.5 y 6.0 y una temperatura en el rango de cálido a caliente.

Puedes empezar a sembrar los pimientos a partir de semillas o plantones. Los pimientos tardan de dos a tres meses en madurar. Cuando consideres qué tipo de pimientos cultivar, debes saber que los jalapeños, habaneros, mazurcas, fellini, nairobi y cúbicos son fantásticos para el cultivo hidropónico.

Rábanos

Al igual que la lechuga, los rábanos son una de las plantas más fáciles de cultivar, ya sea en un jardín de tierra tradicional o en un sistema hidropónico. Como se sugirió en el último capítulo, los rábanos se cultivan mejor a partir de una semilla que de una plántula y solo toma entre tres y siete días para empezar a ver las plántulas de ellos. Los rábanos crecen bien en una instalación con lechuga porque a ambas plantas les gustan las temperaturas frescas y un nivel de pH entre 6.0 y 7.0.

Lo que es realmente bueno de los rábanos es que no necesitan luces, a diferencia de la mayoría de las plantas. Esto significa que, si el costo de conseguir una luz es demasiado para ti, los rábanos ofrecen una manera de probar la jardinería hidropónica antes de dejar caer ese dinero. Lo más loco de todo es que los rábanos pueden crecer súper rápido, ¡a veces están listos para cosechar en un mes!

Espinacas

Otra planta que crece bien en combinación con la lechuga y los rábanos es la espinaca. La espinaca disfruta de temperaturas frescas y un nivel de pH entre 6.0 y 7.0, por lo que encaja perfectamente. Necesita un poco más de luz que los rábanos, pero no requiere mucho en absoluto.

Tardará de siete a diez días en pasar de la semilla a la planta con espinacas y puede estar lista para cosechar en seis semanas. La cosecha puede durar hasta doce semanas dependiendo de cómo lo hagas. Puede cosechar la espinaca en su totalidad o puede arrancar algunas hojas a la vez. Esto hace que la espinaca sea otra gran opción para aquellos que se inician en la jardinería hidropónica.

Tomates

Vale, vale, todos sabemos que los tomates son técnicamente una fruta. Pero lo estamos viendo aquí porque junto con el resto de las verduras de esta sección, añade tomates y tendrás una gran ensalada. Los tomates crecerán mejor en un ambiente caluroso y querrás poner un enrejado en tu bandeja de cultivo. También les gusta un nivel de pH entre 5.5 y 6.5.

Los tomates son muy variados, desde los tradicionales que vemos aquí, hasta los pequeños tomates cherry que hacen deliciosos bocadillos. La germinación puede esperarse entre cinco y diez días y tomará un mes o dos antes de que empieces a ver la fruta.

Se puede esperar que tome entre cincuenta y cien días para estar listo para la cosecha y se podrá saber por el tamaño y el color de los tomates.

Frutas

Nada sabe más dulce que la fruta que tú mismo has cultivado. La jardinería hidropónica ofrece una gran manera de cultivar fruta dentro de la comodidad de su propia casa. Al igual que las verduras, hay muchas opciones disponibles para nosotros, pero nos centraremos en las que crecen mejor.

Arándanos

Genial para aperitivos, hornear e incluso para añadir vitaminas a la comida de la mañana, los arándanos son una cosecha fantástica para cultivar. Sin embargo, los arándanos pueden ser bastante difíciles de germinar a partir de las semillas, por lo que se recomienda trasplantar las plantas de arándanos en su lugar. Los arándanos son una de las plantas más lentas en comenzar a dar frutos e incluso pueden tardar más de un año en llegar al punto de producción. Necesitan un nivel de pH entre 4.5 y 6.0 en un clima cálido.

HIDROPONÍA

<u>Fresas</u>

La más popular de todas las frutas que podemos cultivar hidropónicamente. Se pueden encontrar fresas que se cultivan en pequeñas instalaciones hidropónicas personales y en las grandes operaciones comerciales de cultivo. Prefieren una temperatura cálida y un nivel de pH de 6.0, las fresas crecen mejor en un sistema de técnica de película nutritiva.

Las fresas que se cultivan a partir de semillas pueden tardar hasta tres años en madurar hasta los niveles de cosecha, lo que significa que, al igual que los arándanos, son un cultivo a largo plazo. Juntos, los arándanos y las fresas producen grandes cosechas de fruta que pueden durar varios años si se les da el tiempo de crecimiento que necesitan.

HIDROPONÍA

Hierbas

Las hierbas son una gran adición a cualquier sistema hidropónico. Esto se debe a que se ha demostrado que las hierbas cultivadas en hidroponía tienen de veinte a cuarenta por ciento más aceites aromáticos que las hierbas que han sido cultivadas en un jardín de tierra tradicional. Esto significa que se obtiene más de las hierbas hidropónicas con menos uso. Esto le permite usar menos para el mismo objetivo final en su cocina, lo que significa que sus hierbas le durarán más tiempo.

El mejor sistema para el cultivo de hierbas es el sistema de flujo y reflujo. Los jardines de hierbas hidropónicas se han convertido en una norma en todo el mundo debido a su eficacia. Ahora hay incluso restaurantes que cultivan sus propios jardines de hierbas hidropónicas en el sitio porque es la manera más eficaz de obtener hierbas frescas de calidad asombrosa.

La albahaca es la más popular de las hierbas, con la albahaca constituyendo cerca del 50% del mercado de hierbas en Europa. Tanto la albahaca como la menta tienen un ambiente cálido y un nivel de pH entre 5.5 y 6.5. Del mismo modo, el cebollino prefiere una temperatura cálida a caliente y un pH de alrededor de 6.0. Esto significa que, si se tiene cuidado con la temperatura y el nivel de pH, se pueden cultivar estas tres maravillosas hierbas en la misma instalación hidropónica.

Un jardín de hierbas es una gran manera de empezar con la hidroponía. Pueden permanecer en periodos de cosecha increíblemente largos; saben mejor que las hierbas cultivadas en el suelo y hacen grandes adiciones a casi cualquier comida. No solo eso, sino que los jardines de hierbas tienden a ser más pequeños que los jardines de verduras o frutas, por lo que un jardín de hierbas hidropónicas ocupará menos espacio y puede ahorrar algo de dinero en los costos de instalación.

Nutrición hidropónica

En esta sección, centraremos nuestra atención en la solución de nutrientes que utilizamos para llenar nuestros depósitos y proporcionar a nuestras plantas lo que necesitan para seguir creciendo y mantenerse fuertes. Para comprender este importante componente de nuestros sistemas hidropónicos, exploraremos los macro y micronutrientes, la importancia de investigar las necesidades de nuestras plantas y cómo mezclar nuestra propia solución para que los niveles de pH y la conductividad eléctrica estén en las proporciones adecuadas.

<u>¿Qué es una solución de nutrientes?</u>

HIDROPONÍA

Cuando hablamos de la solución de nutrientes que usamos en nuestros depósitos, estamos hablando de un fertilizante líquido debidamente proporcionado. Mientras que hay una tonelada de opciones comerciales disponibles en el mercado hoy en día, vamos a explorar cómo vamos a mezclar las nuestras. De esta manera, incluso si decidimos optar por una opción comprada en la tienda, sabemos cómo podemos obtener el mayor control sobre la nutrición de nuestro jardín hidropónico.

Cuando se trata de cultivar plantas, hay dieciséis elementos que se combinan a partir de los nutrientes que usamos, nuestra agua y el oxígeno del aire. Una solución de nutrientes reemplaza los nutrientes que se encuentran en el suelo combinándolos en nuestra agua.

Es importante saber qué nutrientes quiere cada una de nuestras plantas, ya que son diferentes entre sí. Hay más plantas en este mundo de las que podemos cubrir en un libro, así que es importante que aprendas a encontrar esta información por ti mismo. La mejor manera de hacerlo es abrir Google y buscar "nombre de la planta + requerimientos de nutrientes hidropónicos". Si estuvieras cultivando tomates, esto se vería como "requerimientos de nutrientes del tomate hidropónico". Mirando los resultados de la búsqueda encontrarás que casi todos ellos se titulan algo así como "Requerimientos de fertilizante del tomate" o "Nutrición del cultivo del tomate" y "¿Qué nutrientes necesitan las plantas de tomate?" Cada uno de estos sitios le ofrecerá la información que necesita. Le recomiendo que busque en varios sitios en lugar de uno solo, para ver si las necesidades cambian o si un sitio en particular ofrece información más específica.

Macronutrientes primarios

Cuando hablamos de macronutrientes primarios, nos referimos a aquellos nutrientes que nuestras plantas requieren en grandes cantidades. Para los humanos, los macronutrientes son grasas, proteínas y carbohidratos. Si bien las plantas se preocupan por estos componentes, es más por la forma en que los producen y manejan dentro de sí mismas. Cuando se trata de los nutrientes que buscan, nuestras plantas aman el nitrógeno, el fósforo y el potasio. Queremos asegurarnos de tener las proporciones adecuadas de estos tres grandes para que nuestras plantas puedan mantenerse en su mejor estado, producir mayores rendimientos y seguir creciendo.

Nitrógeno

El nitrógeno, que se encuentra en los aminoácidos, la clorofila y los ácidos nucleicos, es un elemento compuesto por enzimas y proteínas. Mientras que a los humanos les gusta la proteína en su forma pura, a las plantas les gusta cuando la obtienen a través del nitrógeno. Si las plantas no reciben suficiente nitrógeno, entonces tendrán un menor contenido de proteínas. Demasiado nitrógeno, por otra parte, conduce a hojas más oscuras y se añade al aumento vegetativo de la planta.

Queremos asegurarnos de que nuestras plantas tengan un balance adecuado de nitrógeno porque esto asegurará que nuestras plantas sean más fuertes, hagan un mejor uso de sus propios carbohidratos, se mantengan más saludables y produzcan más proteínas.

Fósforo

El fósforo es en realidad un elemento importante en el ARN, ADN y el sistema ATP de nuestras plantas. Es mucha jerga científica decir que el fósforo es súper importante para nuestras plantas. Una deficiencia de fósforo puede causar que nuestras plantas tomen más tiempo para madurar. No solo eso, sino que el pobre crecimiento de la planta y el crecimiento de las raíces también puede conducir a una reducción del rendimiento y ver los frutos de la planta caer antes de que estén maduros. Del mismo modo, demasiado fósforo puede conducir a una falta de zinc (un micronutriente) en nuestras plantas.

Nuestras plantas quieren obtener suficiente fósforo para poder aprovechar mejor la fotosíntesis. También ayuda a nuestras plantas en el control de la división celular y en la regulación del uso de almidones y azúcares.

Potasio

El último de nuestros tres grandes macronutrientes, el potasio es ligeramente menos importante que el nitrógeno y el fósforo. Esto no debe tomarse como una excusa para ignorar los niveles de potasio en nuestras soluciones de nutrientes. Cuando nuestras plantas no obtienen suficiente potasio, corren el riesgo de tener tallos más débiles y un rendimiento reducido. De la misma manera, cuando tenemos demasiado potasio, nos desordenamos con la absorción de magnesio de nuestras plantas.

Cuando nuestras plantas obtienen la cantidad correcta de potasio, nos aseguramos de que utilicen el agua de nuestros depósitos de la mejor manera posible. El potasio también ayuda a la resistencia de nuestras plantas a las enfermedades, a la forma en que metabolizan sus nutrientes e incluso a la forma en que regulan el exceso de agua.

Micronutrientes

Cuando hablamos de micronutrientes, nos referimos principalmente a siete nutrientes diferentes que a nuestras plantas les gusta tener. Estos son el boro, el cloro, el cobre, el hierro, el manganeso, el molibdeno y el zinc. Juntos, estos micronutrientes no son tan importantes como nuestros macronutrientes, pero siguen siendo muy importantes.

Típicamente, los horticultores solo añaden micronutrientes cuando sus plantas muestran signos de algún tipo de deficiencia. Sin embargo, antes de empezar a añadir micronutrientes a la mezcla, hay que asegurarse de que el problema está en los propios nutrientes. Por ejemplo, una deficiencia puede ser causada por plagas o por niveles de pH deficientes. Si añadimos micronutrientes a nuestras mezclas cuando el problema no tiene nada que ver con los micronutrientes, entonces corremos el riesgo de dañar nuestras plantas. Por esta razón, primero se deben considerar todas las causas y descartar tantas como sea posible antes de comenzar a buscar micronutrientes.

Mezclando su propia solución

Lo primero que tenemos que hacer al mezclar nuestra propia solución es averiguar exactamente lo que nuestras plantas necesitan. Vimos cómo lo hicimos arriba en la sección titulada "¿Qué es una solución de nutrientes?" La información que encontraste en esta sección te permitirá saber exactamente lo que tus plantas quieren. Tomaremos esa información y la usaremos aquí para llenar los detalles de este enfoque.

Antes de que lleguemos a mezclar nuestra solución, necesitamos primero salir y comprar algunos materiales. Necesitamos recoger algunas cubetas. Necesitamos una cubeta para cada parte de la solución. Tres cubetas tienden a ser un buen número, ya que nos permite abordar lo que llaman un sistema A, B, Bloom. Algunos sistemas solo requieren dos cubetas ya que solo hay dos pasos para la mezcla. También se debe comprar una balanza digital que puede llegar a las centésimas de gramo. Y por supuesto, tenemos que comprar las sales nutritivas que conformarán nuestras soluciones. Estas son sales que se descomponen en agua para darnos los macronutrientes que necesitamos. Pueden ser compradas en cualquier tienda de jardinería hidropónica. Amazon.com también ofrece tanto soluciones de nutrientes premezclados como los nutrientes crudos que necesitas para mezclar los tuyos.

También debes asegurarte de tener algunas tazas de medir limpias y algunos guantes de goma para mantenerse a salvo. Debes llenar las cubetas con la cantidad adecuada de agua necesaria para cada parte de la solución. Esto dependerá del tipo de mezcla que necesiten sus plantas en particular y por lo tanto será una cantidad personalizada. Cuando se trata de nuestra agua, necesitamos asegurarnos de que esté limpia. Siempre es mejor usar un sistema de filtración para deshacerse de los contaminantes que puedan estar presentes en el agua.

Pesas la cantidad adecuada de sal nutritiva usando la balanza. Una vez que tienes esta cantidad, viertes la sal lentamente en la primera cubeta o de agua. Hazlo despacio para evitar que salpique y pierda algo de la solución en el proceso. Deberías ver que las sales comienzan a disolverse casi tan pronto como tocan el agua. Después de terminar el primero, mide las sales para la segunda parte de la solución. Repita hasta que todas las partes de la solución se hayan mezclado en sus propias cubetas. Puedes ponerles tapas y agitarlas para asegurar de que no queden restos de nutrientes sin disolver.

Después de que tengamos nuestra mezcla (o mezclas) lista, necesitamos comprobar el nivel de pH. Sabemos que la mayoría de las plantas prefieren algo entre 5.5 y 6.5. El agua es un medio neutro, lo que significa que tiene un nivel de pH de 7. Consigue algunos comprobadores de nivel de pH y prepárate para empezar a trabajar. Tenemos que bajar el nivel un poco. Esto significa que tenemos que ajustar el nivel de pH mezclando una solución diseñada para bajar el pH. Estas soluciones son altamente ácidas, por lo que solo se debe usar un poco cada vez. Si quieres diluir la solución para bajar el pH, mezcla un par de gotas en un galón de agua. Esto debería darte una solución más cercana a 2.0 o así. Los nutrientes que usas aumentan el nivel de pH del agua, por lo que debes comenzar desde 2.0 y aumentarlo a medida que añades la mezcla. Luego, lentamente añades esta mezcla diluida en tu solución de nutrientes. Asegúrate de añadirla lentamente y detente para comprobar el nivel de pH a menudo.

Después de que el nivel de pH esté en línea, tendrá que comprobar la conductividad eléctrica de la mezcla. Para hacer esto necesitas conseguirte un medidor electrónico de EC. La conductividad eléctrica nos permite obtener una lectura precisa del equilibrio de nutrientes y el nivel de pH. Desde que hemos mezclado nuestra propia solución de nutrientes, hemos tenido que usar sales minerales para obtener los nutrientes que deseamos. Podemos calcular el número de nutrientes en la solución a través de la conductividad eléctrica. La mayoría de las plantas quieren una EC de entre 1.5 y 2.5, por lo que esta puede ser una gran manera de comprobar y asegurarse de que tenemos una mezcla adecuada antes de alimentar a nuestras plantas.

Si llegamos a menos de 1.5, esto significa que no tenemos suficientes nutrientes en nuestra solución y por lo tanto tendremos que añadir más para que suba. Del mismo modo, si es demasiado alto, entonces corremos el riesgo de someter a nuestras plantas a la quema de nutrientes. La quema de nutrientes se refiere a los signos físicos de que nuestras plantas están recibiendo demasiados nutrientes. La quemadura de las hojas es una señal obvia de la quema de nutrientes. La quemadura de la raíz es también otro síntoma común de la quema de nutrientes. Queremos criar plantas sanas, así que esto significa que no debemos sobrealimentarlas con demasiados nutrientes.

Una vez que haya comprobado que el nivel de EC está donde se quiere, has mezclado con éxito tu propia solución de nutrientes. Mientras que los detalles dependen de las plantas que elijas para crecer, este esquema debería mostrarte que realmente no es tan difícil preparar nuestras propias soluciones y mantener un estrecho control sobre nuestros sistemas hidropónicos y la salud de nuestras plantas.

Resumen del capítulo

- Tenemos diversas opciones disponibles cuando se trata de cultivar vegetales, incluyendo frijoles, pepinos, col rizada, lechuga, pimientos, rábanos, espinacas y tomates.

- Cuando se trata de frutas, los arándanos y las fresas son grandes adiciones a un jardín hidropónico.

- Las hierbas crecen de forma asombrosa en los jardines hidropónicos, teniendo hasta un cuarenta por ciento más de aceites aromáticos que las hierbas cultivadas en el suelo. La más popular de ellas es la albahaca, pero muchas hierbas crecen especialmente bien en un sistema de flujo y reflujo.

- Una solución nutritiva es un fertilizante líquido debidamente proporcionado que podemos comprar en la tienda o podemos mezclar nosotros mismos.

- Cuando se trata de nuestras plantas, quieren muchos macronutrientes. Este grupo de alimentos de macronutrientes está compuesto de nitrógeno, fósforo y potasio.

- Los micronutrientes para las plantas son el boro, el cloro, el cobre, el hierro, el manganeso, el molibdeno y el zinc. Antes de empezar a introducir micronutrientes en nuestras soluciones de nutrientes, debemos tomar medidas para asegurarnos de que el problema está realmente relacionado con la falta de micronutrientes.

- Queremos asegurarnos de esto porque queremos evitar someter a nuestras plantas a la quema de nutrientes, que es lo que sucede cuando tienen demasiados nutrientes y puede realmente perjudicar su salud en general.

- Siempre usa agua filtrada y guantes de goma cuando estés mezclando tu propia solución. Para cada paso de solución, usa una cubeta separada previamente esterilizada.

- Después de mezclar las sales nutritivas, comprueba el nivel de pH del agua. La mayoría de las plantas prefieren un nivel de pH entre 5.5 y 6.5.

- El último paso es comprobar el nivel de EC de nuestra solución. Queremos un nivel de EC entre 1.5 y 2.5.

En el próximo capítulo, aprenderás todo acerca de cómo mantener su jardín hidropónico en buen estado de funcionamiento a través de revisiones y mantenimiento regulares. Esto incluye la desinfección y esterilización de su equipo y bandejas. Veremos cómo mantenemos nuestros depósitos limpios y libres de cualquier problema. Así como las enfermedades de las raíces y cómo manejar la acumulación de sal antes de que mate a sus plantas. Aprenderás a saber cuándo las algas se convierten en un problema y cuándo hay que limpiarlas, y aprenderás todo sobre los problemas con la fructificación y la floración.

CAPÍTULO CINCO

MANTENIMIENTO DE TU JARDÍN HIDROPÓNICO

En este punto, hemos hecho nuestros sistemas hidropónicos, escogido las plantas que queremos cultivar y mezclado un lote de solución nutritiva para darles todos los macronutrientes que podrían desear. Por ahora, es seguro llamarse a sí mismo un ¡jardinero hidropónico! Pero el trabajo no ha terminado todavía. Ahora que ya tienes tu instalación y estás cultivando tus plantas, tienes que estar atento para mantener tu jardín hidropónico.

Este capítulo está lleno de herramientas para ayudar a asegurar que su jardín siga funcionando sin problemas. Para ello, veremos cómo desinfectar nuestro espacio de cultivo, así como la forma de esterilizarlo. Estas dos palabras a menudo se usan indistintamente, pero en realidad son dos pasos diferentes. A partir de ahí exploraremos las formas en que podemos mantener nuestros depósitos en buenas condiciones, veremos algunos consejos generales para la solución de problemas y hablaremos de cómo nuestras plantas nos dicen que necesitan ayuda. Debido a lo súper importante que es la información de esta sección, cerraremos las secciones con un rápido resumen de las medidas que deben tomar para su jardín.

Desinfección

Cuando se trata de sanear nuestros jardines hidropónicos, lo que queremos decir es que estamos dando a nuestro jardín una limpieza profunda. Es tan importante mantener nuestros jardines limpios como lo es cambiar una bombilla quemada o asegurarnos de que nuestra solución de nutrientes esté debidamente equilibrada. Una higienización adecuada matará y eliminará la mayoría de los microorganismos que pueden causar daños. La higienización no significa que estés usando un producto de limpieza o una solución química. Mientras que esto puede ser parte de la desinfección, la desinfección puede ser tan simple como una limpieza y la eliminación de cualquier suciedad y materia vegetal muerta.

El primer paso en la desinfección que querrá tomar es asegurarse de que cualquier derrame, exceso de agua o escorrentía de plantas sea limpiado inmediatamente.

HIDROPONÍA

Puedes comprar una aspiradora húmeda/seca que puede ayudar en la limpieza de los derrames, pero, aunque es una herramienta útil, puedes hacer esta limpieza a mano también. Debes asegurarte de que recibes estos derrames rápidamente y de que los limpias completamente porque la humedad extra en el piso puede elevar la humedad de la habitación. Un aumento de la humedad aumenta el riesgo de que el moho se asiente en nuestros sistemas. También corre el riesgo de exponer nuestras plantas a la putrefacción, que es la peor pesadilla de una planta. No solo eso, sino que los derrames pueden dañar el suelo, lo que puede llevar a tener que pagar por las reparaciones.

Cada vez que entres en la habitación en la que tienes tu jardín hidropónico, debes estar atento a cualquier materia vegetal muerta que puedas encontrar. Debes tomarte el tiempo todos los días para revisar las hojas caídas y otras plantas muertas. Si bien es fácil revisar la bandeja de cultivo y dar por terminado el día, asegúrate de revisar el suelo alrededor del jardín, ya que la materia vegetal puede escapar fácilmente y que no se vea no significa que no esté dañando tus plantas. Estas caerán en tu bandeja de cultivo o en el suelo alrededor de tu jardín. Queremos limpiar esta materia vegetal muerta porque es extremadamente atractiva para el moho y los hongos. También es extremadamente tentadora para una variedad de plagas (veremos cómo tratarlas en el próximo capítulo). Asegúrate de que cuando cosechas tus cultivos siempre te deshagas de las raíces y la materia vegetal vieja en lugar de dejarla para más tarde.

HIDROPONÍA

Cuando se trata de enfrentar problemas con la podredumbre de las plantas, muchos jardineros nunca se dan cuenta de que el problema proviene de la limpieza del cuarto de cultivo. En el último capítulo, vimos que queremos asegurarnos de que el problema con nuestras plantas no es otra cosa antes de empezar a añadir micronutrientes en nuestras soluciones. Esta es una de esas situaciones en las que la gente saca conclusiones. Sin embargo, una de las primeras cosas que debemos comprobar es que hemos mantenido un espacio de jardín limpio.

Si su instalación hidropónica utiliza un filtro de admisión, entonces va a querer inspeccionar y limpiar ese filtro al menos una vez a la semana o algo así. Estos filtros ayudan a evitar que el polvo, los insectos y el moho entren en nuestras bandejas de cultivo. La limpieza de rutina del filtro de admisión asegurará que su sistema mantenga el máximo flujo de aire. También será una forma de obtener una advertencia temprana de cualquier plaga que esté tratando de entrar en su jardín. Encontrar una plaga en el filtro de entrada le da una ventaja para evitar que se ensucien y dañen su jardín.

Una vez cada pocos meses más o menos, también deberías sacar las bombillas de tus luces y darles una toallita. Asimismo, deberías hacer esto con cualquier vidrio que tengas, como cuando usas un reflector con tus luces. Establecer un horario para hacer esto, digamos, cada tres meses, te permitirá planearlo de antemano y asegurarte de no descuidar esta limpieza. La cosecha también puede ser un buen momento para hacer esta limpieza, ya que cuando cosechamos nuestras plantas, tendemos a abrir más espacio y hacer más fácil el acceso a nuestro equipo. Se pueden utilizar limpiadores de vidrio o alcohol isopropílico para limpiar este vidrio. Al querer seguir con esta limpieza debido a la suciedad que puede acumularse en nuestros vidrios y luces, puede reducir la salida de luz que somos capaces de dar a nuestras plantas.

También querrás desinfectar el hardware de tu cuarto de cultivo tan a menudo como limpies el cristal. Esto significa limpiar nuestras bombas, mangueras, todas las cosas como esas. Incluso querrás limpiar el exterior de tu bandeja de cultivo y tu depósito. Si tienes un equipo que tiene circuitos expuestos, entonces querrás conseguir un par de latas de aire comprimido para que puedas limpiarlos sin dañar los aparatos electrónicos.

Para recapitular: Limpia cualquier derrame tan pronto como ocurra. Revise el material vegetal muerto una vez al día. Revise los filtros de admisión semanalmente. Cada par de meses deberías entrar y limpiar los vidrios y las bombillas usadas en tu instalación de iluminación. Alrededor de la hora de limpiar los cristales, también debería limpiar rápidamente con aire comprimido cualquier hardware que esté utilizando en cualquier cosa con circuitos expuestos.

Esterilización

Cuando se trata de la limpieza, la esterilización es un proceso más complicado que la higienización. Esterilizamos nuestro equipo para matar microorganismos como bacterias, esporas y hongos. Debido a que estamos hablando de sistemas hidropónicos con el supuesto de que se mantendrán en el interior, veremos cómo usamos los limpiadores químicos para esterilizar nuestro equipo. También podemos usar calor y filtración, pero estos son más complicados y son más útiles para las operaciones de cultivo a gran escala.

A diferencia de la higienización, no queremos esterilizar tan a menudo. Con la higienización, algunas de las prácticas se utilizan mejor a diario o semanalmente. La esterilización debe usarse mucho menos a menudo porque no solo es innecesaria, sino que también puede dañar nuestro sistema y a nuestras plantas. Por un lado, toma más tiempo y pensamiento esterilizar y puede dejar subproductos desagradables si no tenemos cuidado de enjuagar correctamente después. Cuando se trata de la esterilización, nos fijaremos principalmente en la esterilización de nuestras bandejas y depósitos, así como en el interior de los tubos que debemos limpiar.

Los dos limpiadores químicos más comunes para la esterilización son la lejía y el peróxido de hidrógeno. La lejía suele contener hipoclorito de sodio como ingrediente activo. Es el mismo producto químico que se utiliza para desinfectar las aguas residuales. Mientras que la lejía es un gran esterilizador, puede dejar rastros residuales en nuestro equipo y, por lo tanto, si decides usar lejía debes estar preparado para enjuagar doble y triplemente cualquier cosa que hayas limpiado con ella. Después de cosechar las plantas, pero antes de preparar el siguiente lote para crecer, es un buen momento para un baño de lejía. Usando una mezcla de una parte de lejía con una parte de agua, deberías remojar cualquier piedra de aire u otros sumergibles, así como tu bandeja y depósito. Asegúrate de enjuagarlas dos o tres veces, para asegurarte de que no queden residuos dañinos.

El peróxido de hidrógeno es en realidad solo agua que tiene una molécula de oxígeno inestable. Esto lo convierte en un gran limpiador químico ya que en lugar de dejar un residuo dañino se descompone en agua. Como el agua no daña nuestras plantas, el uso de peróxido de hidrógeno significa que no tienes que preocuparte tanto por el doble o triple enjuague que requiere la lejía. Puedes usar un trapo empapado en un 3% de peróxido de hidrógeno para limpiar tus componentes. Si tienes un equipo más grande, puedes considerar crear una solución de peróxido de hidrógeno que puedas hacer correr por el sistema. Para esto, querrías mantenerlo a un 35% de peróxido de hidrógeno. Si haces pasar una mezcla de peróxido de hidrógeno por tu sistema, asegúrate de enviar un poco de agua para enjuagar después, antes de devolver las plantas al sistema.

Para recapitular: No deberías esterilizar tan a menudo ya que esto puede dañar tus plantas. Un buen momento para esterilizar es entre la cosecha y el establecimiento de la nueva cosecha. Si utilizas lejía para esterilizar, asegúrate de enjuagar doble o triplemente después para evitar que los residuos dañen tus plantas.

Manteniendo su reserva

Cuando se trata de nuestros jardines, está claro que tenemos una sección favorita. Todo el verdor de la parte superior es tan bonito y emocionante de ver crecer. Puede ser fácil mantener el hábito de quitar las hojas muertas que han caído porque es divertido hurgar en nuestras plantas y ver cómo están. Pero mientras que es fácil concentrarse en la parte superior, no podemos olvidarnos de lo importante que es la parte inferior de nuestro sistema. Sin el depósito de solución de nutrientes, nuestras plantas no obtendrían lo que necesitan para crecer y solo tendríamos un jardín muerto.

HIDROPONÍA

Nuestros depósitos son una parte tan importante de nuestros sistemas hidropónicos que deberíamos hacer nuestra la misión de ver que se mantengan en la mejor forma posible. Para ello, hay varios pasos y comportamientos que debemos adaptar para asegurarnos de que nos mantengamos al tanto del mantenimiento de los reservorios.

El primer paso que debemos tomar es asegurarnos de que nuestros depósitos se mantengan a una temperatura adecuada. Si dejamos que nuestros depósitos se calienten demasiado, entonces los niveles de oxígeno bajan y crean las condiciones para que la raíz se pudra. Queremos mantener nuestra solución de nutrientes alrededor de 65-75 grados. Si nuestros depósitos están demasiado fríos, siempre podemos conseguir un calentador de acuario o una almohadilla de calor para elevar la temperatura. Si nuestros depósitos están demasiado calientes, entonces hay varias opciones disponibles para nosotros. Podemos conseguir un enfriador de depósito, mover nuestras instalaciones a la sombra, o añadir algunos cubitos de hielo a nuestra solución. También queremos asegurarnos de que después de pintar nuestro depósito en negro, añadimos una capa de pintura blanca para ayudar a reflejar en lugar de absorber el calor.

Si su jardín hidropónico está usando un sistema de circulación, entonces va a necesitar asegurarse de que compruebe los niveles de agua y rellene el depósito.

HIDROPONÍA

Perdemos agua por evaporación y por los procesos que sufren nuestras plantas. Esto significa que la pérdida de agua es una parte de la experiencia de la jardinería y por lo tanto debemos estar preparados para rellenar lo que se pierde. Esto es especialmente importante con sistemas más pequeños, ya que la pérdida de un poco de agua en un sistema más pequeño es mayor.

Una vez por semana o cada dos semanas deberías considerar cambiar el agua de tu reserva. Este es un proceso que puede ser muy específico para cada jardín. Saber cuándo es el momento de cambiar es algo en lo que crecerás. Pero, para empezar, supongamos que cada dos semanas. El uso de su medidor de EC puede ayudarte a saber cuándo es el momento adecuado. Si bien el lector de EC nos permitirá saber cuánto fertilizante hay en nuestras soluciones, no nos da un desglose de cuánto queda de cada nutriente. Nuestras plantas no utilizan todos los nutrientes de la misma manera, algunos se absorben y procesan más rápido que otros. Esto significa que incluso cuando comprobamos los niveles con nuestro medidor de EC y vemos que hay suficientes nutrientes, en realidad podemos tener demasiado de un tipo y no lo suficiente de otro. Cuando cambiamos nuestra agua, podemos asegurarnos de que proporcionamos a nuestras plantas una solución de nutrientes fresca y equilibrada. También nos da la oportunidad de sanear nuestros depósitos.

HIDROPONÍA

Hablando de nuestros medidores de EC, queremos asegurarnos de que estamos haciendo controles regulares de EC. Por supuesto, los números que estamos apuntando aquí dependen de las plantas que estamos cultivando. En este momento, ya debería haber investigado los niveles de EC adecuados para la planta de su elección. También debe asegurarse de hacer controles regulares del nivel de pH. Sabemos que queremos mantener nuestro pH alrededor de 5.5 a 6.5.

Finalmente, el paso más importante de todos es asegurarse de que está revisando sus bombas regularmente. Debes controlar las acumulaciones que puedan estar creciendo en tus bombas. Queremos hacer esto porque nada mata a un jardín más rápido que una bomba rota. Asegúrate de limpiar tus bombas y eliminar cualquier acumulación de nutrientes para mantener tu jardín saludable y tu depósito funcionando como es debido.

Para recapitular: Mantenga su reserva entre 65-75 grados. Compruebe los niveles de agua y llénelos a menudo. Cambie el agua de su reserva cada dos semanas. Use un medidor de EC y pruebas de pH para mantener sus niveles bajo control. Revisa las bombas con regularidad para evitar obstrucciones.

Acumulación de sal y quema de sal

HIDROPONÍA

¿Has visto alguna vez un jardín que tenga una acumulación blanca (o blanquecina) de corteza cristalina en los tallos de las plantas o en la parte superior del medio de cultivo? Esto es lo que se llama una acumulación de sal y es muy malo para tus plantas. La acumulación de sal puede provocar una quemadura de sal. La quemadura de sal alrededor de las raíces hará que el tallo de la base de la planta muera. Esto provoca que se marchite durante los momentos más calurosos del día e incluso puede abrir esta zona de la planta como el perfecto festín para las enfermedades.

La acumulación de sal ocurre cuando el medio de cultivo pierde humedad por evaporación a un ritmo más rápido de lo que las plantas son capaces de utilizar los nutrientes. La humedad se evapora, pero los nutrientes se quedan y aumentan los niveles de EC en el medio. La buena noticia es que la acumulación de sal es fácil de manejar siempre y cuando sepas que eso es con lo que estás tratando.

Esa corteza blanca en los tallos y en la parte superior de su medio de cultivo es un claro indicio. Si ves esa corteza blanca y notas que tus plantas se han atrofiado en su crecimiento, han tomado un color más oscuro o están creciendo inusualmente lento, entonces deberías tener todas las señales necesarias para diagnosticar una acumulación de sal. Una manera de confirmar sus sospechas es tomar una lectura EC de la solución que drena de su bandeja de crecimiento. Si la lectura de la EC aumenta al drenar, es casi seguro que usted tiene un problema de acumulación de sal.

Si ha identificado una acumulación de sal como un problema en su jardín, entonces va a querer limpiar su medio de cultivo. Mientras que algunos jardineros enjuagan su sistema con agua corriente, esto puede tener un efecto negativo. Si ya hay un cultivo en crecimiento, la caída de la presión osmótica puede hacer que las plantas absorban una tonelada de humedad alrededor de las raíces. Esto puede llevar a la división de los frutos o a que el crecimiento vegetativo sea suave y débil.

Un enfoque más saludable para lavar el medio de cultivo es utilizar una solución de lavado que haya sido premezclada, como la que se puede encontrar en cualquier tienda hidropónica. También puedes enjuagar con una solución nutritiva que esté a un tercio de la fuerza regular. Dependiendo de su configuración, usted puede encontrar que necesita hacer este lavado cada pocas semanas, como si usted tiene un sistema de flujo y reflujo en un clima cálido donde la evaporación se produce fácilmente.

Para recapitular: Puedes identificar la acumulación de sal por una corteza blanca en la parte superior de tu medio de cultivo y en la parte inferior de los tallos de la planta. Esto sucede debido a la evaporación que deja los nutrientes atascados allí. Utiliza una solución de nutrientes a un tercio de su capacidad normal para eliminar la acumulación.

Algas

Si estás dirigiendo un jardín hidropónico, tendrás que lidiar con las algas en algún momento, lo prometo. Por lo tanto, es importante que sepas a qué debes prestar atención. Las algas se verán como un crecimiento viscoso que se aferra a las diferentes partes de su configuración. Puede ser marrón, verde, rojizo o negro. No debería sorprenderte si encuentras largas cadenas de algas en tu sistema y no debería sorprenderte si parece que aparecieron de la nada. Las algas pueden crecer súper rápido.

Las algas también huelen horrible. Tiene un olor mohoso y terroso. Cuando tienes una tonelada de algas descomponiéndose en tu sistema, emitirá un olor desagradable que puede ser una señal de que tienes una grave acumulación de algas en tus manos.

Las algas pueden ser un verdadero dolor de cabeza. En primer lugar, tiene un aspecto bastante desagradable. Pero mucho peor que su valor estético y su olor es el hecho de que las algas pueden bloquear fácilmente sus goteros, bombas y cualquier otro componente de su sistema hidropónico que sea propenso a las obstrucciones. Como vimos, esto puede matar fácilmente a tu jardín. No solo eso, sino que, si tienes un serio problema de algas, puede incluso bloquear tus sustratos de cultivo y robar el oxígeno de tus plantas.

Cuando esto comienza a suceder, puede llevar a un aumento en la demanda biológica de oxígeno de su sistema. Esto significa que tus plantas no recibirán suficiente oxígeno y esto puede llevar a que sus raíces se asfixien. Si las algas se adhieren directamente a las raíces de sus plantas, entonces puede dejar a sus plantas en riesgo de patógenos como el Pythium.

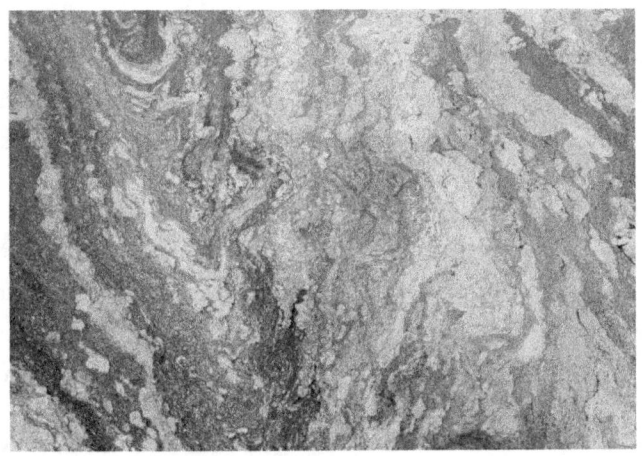

Las algas en sí mismas pueden apestar, pero empeoran cuando empiezan a descomponerse. Cuando esto sucede, puede liberar toxinas en su sistema. Estas toxinas actúan como fuente de alimento para los hongos patógenos. Cuando esto comienza a suceder, los hongos pueden aparecer de repente y se afianzan en tu sistema.

La mayoría de los cultivadores hidropónicos toleran un pequeño número de algas en sus sistemas porque puede ser difícil deshacerse de ellas. Si estás cuidando tu depósito y te aseguras de limpiarlo, entonces en este punto también puedes cuidar a tus plantas de las algas. Asegúrate de limpiar tus sistemas entre los cultivos para que cualquier alga que se haya afianzado sea eliminada. Algunos cultivadores utilizan productos alguicidas en su solución nutritiva para matar las algas, pero esto también puede causar que nuestras plantas se dañen. No solo eso, sino que las algas vuelven a crecer bastante rápido después del uso de productos alguicidas. Esto significa que tendrás que añadir más alguicidas poco después, arriesgando así la salud de tus plantas una vez más.

Para recapitular: Un poco de algas está bien, pero un problema importante debe ser manejado antes de que se descomponga o bloquee las bombas y los componentes de trabajo de su sistema. Limpiar a mano en lugar de usar alguicidas.

Mantener la salud de la raíz

Cuando se trata de la salud de nuestras raíces, los asesinos más comunes son la inanición, la asfixia, el daño por químicos, patógenos, la temperatura o los niveles de EC/pH. La causa principal de la muerte de las raíces y de los bajos índices de crecimiento es la asfixia. Muchos patógenos no atacarán un sistema de raíces sano hasta

HIDROPONÍA

que no hayan sido dañadas debido a las malas condiciones. La asfixia ocurre cuando hay una falta de oxígeno que llega a las plantas, como cuando hay demasiada materia orgánica en descomposición en nuestros depósitos, tasas de flujo lento o demasiadas plantas, todas luchando por obtener suficiente oxígeno.

A medida que las raíces comienzan a asfixiarse por falta de oxígeno, las toxinas comenzarán a proliferar. Algunas plantas intentarán cultivar nuevas raíces para encontrar fuentes alternativas de oxígeno, pero muchas de ellas morirán. Si sus plantas no reciben suficiente oxígeno, considere la posibilidad de agregar una piedra de oxígeno a su depósito.

HIDROPONÍA

Si no hay suficientes nutrientes moviéndose a través del sistema, esto tendrá un efecto en el sistema de raíces de la misma manera que afecta a la parte superior de la planta. Sin embargo, puede ser más difícil decir que hay un problema con las raíces. La falta de fosfato causará que las raíces se vuelvan marrones y notarás una reducción en el número de ramas laterales. Una deficiencia de calcio hace que el sistema de raíces se adelgace y desarrolle un color marrón enfermizo. La falta de manganeso hará que el sistema de raíces sea más corto y fino de lo normal y notarás que las puntas de las raíces se oscurecen. Cada una de ellas es una pista de que quieres cuidar la solución de nutrientes y el depósito.

Otra cosa que puede llevar a dañar las raíces de nuestras plantas son los niveles de EC y pH mal equilibrados. Un sistema desequilibrado llevará a un severo retraso en el crecimiento de las raíces. A niveles de EC más altos, el agua de las raíces se perderá y conducirá a la muerte de estas. Esta es una respuesta común de las plantas que disfrutan de un nivel de EC más bajo. Cuando los niveles de pH llegan a ser demasiado altos o bajos, entonces podemos ver el daño de las raíces y problemas con la absorción de nutrientes. Sin embargo, las plantas aceptarán mucho más amablemente las fluctuaciones de los niveles de pH que los niveles de EC.

Cuando se trata de enfermedades de las raíces, las instalaciones que utilizan un sistema de recirculación para la solución de nutrientes presentan el mayor riesgo. Esto se debe a que la circulación de la solución puede llevar fácilmente los patógenos a todas nuestras plantas. Algunos patógenos atacarán las raíces en un sistema hidropónico de manera que sean fáciles de identificar, mientras que otros parecerán casi invisibles. Independientemente de que se muestren o no, todos los patógenos conducirán a una reducción en el crecimiento de sus plantas y en la cantidad que rinden. Los patógenos más comunes que se meten con nuestras raíces son didymella, verticillium, olpidium, plasmopara, pythium, fusarium y phytophthora.

Los patógenos que afectan a sus raíces pueden provenir de una variedad de fuentes. Pueden ser aéreos o acuáticos, se encuentran en el medio de cultivo, llegan de insectos y plagas, de plantas infectadas o incluso de semillas y polvo. Aunque los patógenos que se transmiten por el aire y que dañan las raíces son raros, pueden ocurrir. Una de las fuentes más comunes de infección proviene del suelo. El suelo puede entrar en un sistema hidropónico a través de las manos, los zapatos, el polvo del aire, de nuestro equipo o incluso del agua que usamos en nuestro depósito.

Las enfermedades de las raíces y los patógenos que las causan gustan de atacar a las plantas que ya están sufriendo mucho estrés. Debido a que las plantas estresadas dejan su sistema abierto al ataque, la mejor manera de defenderse contra estos patógenos es asegurarse de que su cultivo está sano y no sufre un estrés indebido como cuando recortamos los tallos con demasiada frecuencia. Otra causa de estrés es que nuestras raíces no reciben suficiente oxígeno, como cuando las algas se han convertido en un gran problema.

Uno de los mejores comportamientos en los que podemos entrar es asegurarnos de que nos tomamos el tiempo para comprobar el sistema de raíces de nuestras plantas. La mayoría de nosotros queremos hurgar en la parte superior donde está todo verde y bonito. Si bien es importante que cuidemos la parte superior, no debemos olvidar la parte inferior. Revisar las raíces regularmente será una gran herramienta para detectar un problema antes de que se convierta en una crisis. Si su planta se está marchitando o se ve descolorida, entonces debe asegurarse de revisar el sistema de raíces.

Si identificas que una planta tiene o potencialmente tiene una enfermedad de raíz, entonces tu primer paso debería ser sacarla del jardín y destruirla. Si una planta está enferma y la dejas en el sistema, te arriesgas a que esa enfermedad sea llevada a las otras plantas sanas. Estos patógenos pueden sobrevivir e ir de un cultivo a otro, por lo que es importante que desinfectes y esterilices tu sistema hidropónico entre los cultivos.

Para recapitular: La salud de la raíz es tan importante como la salud de nuestras cimas. La falta de oxígeno es el problema más común para nuestras raíces. Evitar el estrés de las plantas haciendo controles regulares de los niveles de EC y pH. Identificar los problemas con las raíces para poder eliminar las plantas enfermas antes de que se propaguen a las plantas sanas.

Frutos y flores

Cuando se trata de problemas con nuestros cultivos fructíferos y florecientes puede haber muchas causas diferentes. Estas van desde la falta de desarrollo de los frutos hasta trastornos fisiológicos como la podredumbre final de la floración. Puedes encontrar que tus frutos tienen trastornos de la piel como manchas, rayas, plateados o de color desigual. Otro problema es la división de la fruta que lleva a plantas de aspecto feo que están horriblemente deformadas.

Muchos cultivos hidropónicos comenzarán a florecer y a dar frutos cuando alcancen una edad adecuada. Si hay un problema con la fructificación, puede que se encuentre con un problema de caída de la flor. Esto es cuando las flores y los frutos caen de la planta antes de que estén listos. Esto puede ser causado por problemas externos, pero también puede ser interno, como cuando nuestras plantas están sufriendo una cantidad excesiva de estrés. Muchos cultivos se toparán con la caída de las flores si las temperaturas del aire son demasiado altas. El punto en el que el calor afecta a las plantas es diferente para cada tipo. Si sus plantas no reciben suficiente luz, esto también puede llevar a la caída de las flores. La falta de luz también puede impedir el crecimiento de toda la planta.

La caída de las flores también puede ser causada por deficiencias de nutrientes. Las causas comunes de la caída de las flores debido a la deficiencia son cuando nuestras plantas no reciben suficiente nitrógeno o fósforo de la solución de nutrientes que hemos hecho. El estrés causado por el agua también puede conducir a la caída de las flores. Este es el estrés causado por un sistema de riego deficiente o por tener un nivel de EC demasiado alto. Por esta razón, queremos asegurarnos de que estamos comprobando los niveles de EC de nuestras soluciones de nutrientes de forma regular.

Otra causa de la caída de la fruta es cuando el peso de la fruta es demasiado pesado para la planta. Esto puede deberse al peso del fruto o al peso del propio crecimiento vegetativo. Por esta razón, queremos asegurarnos de que estamos recortando nuestras plantas de una manera saludable que promueva un crecimiento manejable, como cuando coronamos nuestras plantas. Cuando hay frutos más grandes creciendo en nuestras plantas, esto puede llevar a la caída de los frutos más pequeños. Esto puede servir para ayudar a que los frutos más grandes y saludables sigan creciendo. Del mismo modo, podemos considerar la eliminación de los frutos más pequeños para que la energía gastada en su cultivo sea redirigida.

Para recapitular: Los problemas con la floración y la fructificación tienden a estar relacionados con el estrés. Asegúrate de cuidar bien tus plantas, elimina los frutos no saludables y dale apoyo a las plantas pesadas para evitar que se caigan.

HIDROPONÍA

Resumen del capítulo

- Desinfectar se refiere a limpiar nuestros sistemas a profundidad.

- Limpia cualquier derrame tan pronto como ocurra para evitar que la humedad se mezcle con la de la habitación.

- Revisa diariamente la materia vegetal muerta. Esta materia se convierte en un caldo de cultivo para mohos, hongos y bacterias.

- Limpia el filtro de admisión una vez a la semana más o menos para mantenerlos en funcionamiento y recibir avisos tempranos sobre posibles plagas.

- Cada pocos meses limpia las bombillas y el vidrio usado en tu instalación de iluminación.

- Limpia sus bombas, mangueras y otros equipos cuando limpien sus bombillas.

- La esterilización es un proceso más complicado, pero no debe ser usado en exceso ya que puede dañar sus plantas.

- Tanto la lejía como el peróxido de hidrógeno pueden utilizarse para esterilizar. Si usa lejía asegúrese de enjuagar doble y triplemente para eliminar todos los residuos dañinos.

- Asegúrate de mantener tu depósito a una temperatura de entre 65 y 75 grados.

- Llena los niveles de agua de tu reserva a medida que bajan.

- Cambia el agua de su depósito cada dos semanas para mantener un control estricto sobre la cantidad de nutrientes en sus soluciones.

- Haz chequeos regulares de los niveles de EC y pH.

- Revisa las bombas a menudo para evitar bloqueos y averías.

- La acumulación de sal se puede identificar por una capa de corteza blanca en la parte superior de su medio de cultivo y los tallos de sus plantas.

- La acumulación de sal ocurre cuando el agua se evapora de nuestra solución y deja que sus nutrientes se acumulen.

- La acumulación de sal puede conducir a la quema de sal que puede matar partes de nuestras plantas y dejarlas en riesgo de patógenos.

HIDROPONÍA

- Para hacer frente a una acumulación de sal, enjuaga el sistema con una solución de nutrientes a un tercio de su fuerza regular.

- Las algas son un crecimiento viscoso y de olor desagradable (que pueden ser verdes, rojas, negras o marrones) que crece en el depósito.

- Un grave problema de algas puede bloquear las bombas y los goteadores y las algas podridas pueden liberar toxinas en el sistema.

- Un pequeño número de algas es típico en un sistema hidropónico, solo asegúrate de fregar y eliminar las algas de vez en cuando.

- Puedes usar productos alguicidas para matar las algas, pero esto también puede dañar tus plantas, así que, si no es una gran acumulación, es mejor esperar hasta la próxima vez que limpies tu depósito.

- La causa más común de los daños en la raíz es la asfixia por falta de oxígeno.

- La falta de nutrientes adecuadamente equilibrados dañará las raíces de sus plantas tanto como las partes superiores.

HIDROPONÍA

- Los niveles inadecuados de EC y pH también pueden provocar la muerte de la raíz, así que asegúrate de vigilar tus niveles.

- Los sistemas de recirculación corren un mayor riesgo de propagar enfermedades de raíz entre sus plantas.

- Ten cuidado con la cantidad de suciedad que hay en tus manos y en tu ropa cuando cuidas tu jardín, ya que es la forma clave de que los patógenos entren en el sistema.

- Las enfermedades de las raíces prefieren atacar a las plantas que ya están bajo mucho estrés, así que la mejor manera de prevenir las enfermedades de las raíces es cuidarlas adecuadamente.

- Asegúrate de revisar tus raíces a menudo y remueve y destruye cualquier planta que muestre signos de enfermedad de las raíces.

- Los patógenos pueden sobrevivir de un cultivo a otro, así que siempre hay que esterilizar entre cultivos.

- Si hay un problema con la fructificación, podrás ver que la flor se cae o que la fruta se parte.

- La causa más común de estos problemas de fructificación es el estrés de las plantas.

- Las deficiencias de nutrientes también pueden ser responsables de la caída de las flores.

- La caída de flores y frutas también puede ser causada por el peso de la fruta, por lo que un enrejado puede ayudar a prevenir esto.

En el próximo capítulo, aprenderás todo sobre los diferentes tipos de plagas que pueden tratar de establecerse en tu jardín. Junto con un vistazo a las plagas en sí, aprenderás cómo cuidamos las plantas para que podamos mantener nuestros jardines hidropónicos en la mejor forma posible.

CAPÍTULO SEIS

CONTROL DE PLAGAS

Lo hemos logrado a través de la creación de nuestro propio jardín hidropónico, la recolección de plantas, el aprendizaje de los nutrientes y averiguar cómo podemos mantenerlo. Pero ahora nos hemos encontrado con un problema completamente nuevo: Las plagas. Nuestra configuración proporcionó un gran ambiente para que nuestras plantas crezcan. Pero también creó un ambiente que a las plagas les encanta e incluso lo llenamos con toneladas de plantas saludables para que las coman. Esto estaría bien si le dieran algún tipo de servicio a nuestras plantas, pero todo lo que quieren hacer es comerlas y dejarlas marchitas y amarillentas.

En este capítulo, echaremos un vistazo a las plagas más comunes que los cultivadores hidropónicos encuentran y veremos cómo pueden detectarlas en su propio jardín. Nuestra defensa número uno contra las plagas es evitar que hagan de nuestros jardines su hogar en primer lugar, por lo que aprenderemos algunas de las técnicas utilizadas para detectarlas a tiempo y prevenir una infestación.

Las plagas no son el único problema que enfrentamos como cultivadores hidropónicos. Las enfermedades son también algo que debemos vigilar para detectarlas, identificarlas y manejarlas. Con este fin, veremos algunas de las enfermedades más comunes y cómo podemos prevenirlas. Mucha de esta información se trató en el capítulo cinco, por lo que nos referiremos a ella a menudo aquí.

Plagas hidropónicas comunes

Aunque hay muchas plagas que pueden intentar hacer de nuestros jardines su hogar, hay ciertas plagas que aparecen con más regularidad que otras. Estas plagas se dividen en cinco categorías principales: arañas rojas, tisanópteros, moscas blancas y áfidos. Si te encuentras con una infestación de plagas, es una apuesta segura que caerán en una de estas cinco categorías.

HIDROPONÍA

Las arañas rojas

De los cinco tipos de plagas, las arañas rojas son particularmente molestos. Aunque miden menos de un milímetro de largo, estos pequeños son en realidad arañas diminutas. Debido a que son tan pequeñas, tienen la tendencia a empezar a dañar sus plantas antes de que usted note que se han metido en su jardín. El daño de las arañas rojas se verá como pequeñas manchas marrones y amarillas en las hojas de sus plantas. Si bien no parecen nada grave cuando solo hay un par de picaduras, este daño se suma rápidamente para causar estragos en el jardín.

Para detectar una infestación de arañas rojas, hay dos señales clave que hay que tener en cuenta. Mientras que el daño en sus plantas puede ser una señal reveladora, no le dice específicamente que las arañas rojas son el problema. Para detectar una infestación de arañas rojas, debes revisar las plantas para ver si puede detectar alguna telaraña. Otra forma de comprobar si hay arañas rojas es utilizar un pañuelo de papel o un trapo limpio para limpiar suavemente la parte inferior de las hojas. Si sale con vetas de sangre, esto le indicará que tiene un problema con estos ácaros.

Una forma de manejar las arañas rojas es lavar las plantas con una manguera o un pulverizador potente. La fuerza del agua a menudo puede derribar los ácaros de su planta y ahogarlos en el medio de crecimiento. Las arañas rojas también tienen algunos enemigos naturales que van desde las mariquitas hasta los crisopas y puedes considerar agregar estos insectos beneficiosos a tu jardín para que se alimenten de la población de ácaros.

Áfidos

Estos pequeños también son conocidos como piojos de las plantas. Y al igual que los piojos, no son tan divertidos. Estas pequeñas plagas de cuerpo blando son bastante capaces de establecerse en cualquier ambiente. Se multiplican más rápido que los conejos, por lo que hay que asegurarse de hacer frente a una infestación de

HIDROPONÍA

áfidos lo antes posible. Estas plagas son típicamente de un cuarto de pulgada de tamaño y pueden venir en variedades verdes, amarillas, rosadas, negras o grises.

A los áfidos les gusta alimentarse de los jugos de la planta y los puedes encontrar masticando tallos, hojas, brotes, frutas o raíces. Se sienten particularmente atraídos por las partes más nuevas de la planta. Si encuentras que las hojas de tus plantas están deformadas o amarillas, revisar el fondo puede revelar áfidos. También dejan atrás una sustancia pegajosa llamada melaza. Esta dulce sustancia puede atraer otros tipos de plagas, por lo que los áfidos son particularmente molestos. Esta sustancia también puede conducir al crecimiento de hongos, como la fumagina que puede hacer que sus ramas u hojas se vuelvan de un desagradable color negro. Los áfidos también son capaces de llevar los virus de una planta a otra, por lo que pueden ayudar a los desagradables patógenos a propagarse más rápidamente.

Como las arañas rojas, rociar agua sobre las hojas puede desalojarlas y dejarlas con dificultades para encontrar el camino de regreso a sus plantas. Si la infestación es grande, espolvorear sus plantas con harina puede estreñirlas y ayudar a convencerlas de que es hora de seguir adelante. Limpiar sus plantas con una mezcla de agua jabonosa también puede ayudar a matarlas y ahuyentarlas.

Tisanópteros

Como las rañas rojas y los áfidos, estos pequeños también son diminutos. A menudo, solo miden alrededor de 5 milímetros de largo. Puede ser difícil detectar a estos pequeños, pero dejan un gran daño. Si empiezas a ver pequeñas manchas negras metálicas en tus hojas, probablemente tengas algunos tisanópteros merodeando por tu jardín. Las hojas que los tisanópteros atacan a menudo se vuelven marrones y se vuelven súper secas porque a los tisanópteros les gusta chupar sus jugos.

HIDROPONÍA

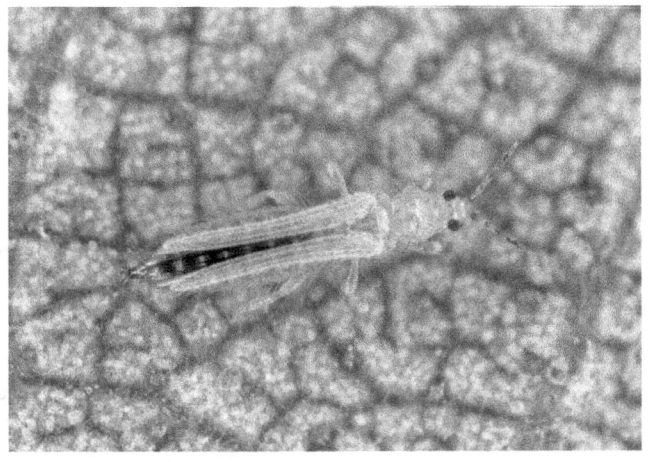

Los tisanópteros son pequeños y son o bien negros o del color de la paja. Tienen cuerpos delgados y dos pares de alas. Debido a que son tan pequeños, parecen hilos oscuros a simple vista. Les gusta alimentarse en grandes grupos y volarán si los molestas. Meten sus huevos en las flores y hojas y solo tardan un par de días en eclosionar, así que una infestación de tisanópteros puede sentirse como si hubiera ocurrido de la nada.

Debido a que a los tisanópteros les gusta poner sus huevos en las plantas, es súper importante que remuevas cualquier materia vegetal muerta o caída. Si prestaste atención en el último capítulo, sabrás que deberías hacerlo de todas formas ya que ayuda a prevenir muchos problemas que pueden asaltar nuestros jardines hidropónicos. Asegúrate de inspeccionar tus plantas para ver si están dañadas por los tisanópteros y remueve las que estén infestadas. La eliminación de las plantas también ayudará a reducir su población. Las mariquitas, las crisopas y los minúsculos insectos piratas se alimentan de los tisanópteros y pueden ser beneficiosos para tu jardín.

Los mosquitos de los hongos

Los mosquitos de los hongos son muy raros. Los mosquitos de hongos adultos no tienen interés en dañar tu jardín. Pero sus larvas disfrutan masticando las raíces de sus plantas, lo que retarda el crecimiento y expone a la planta a una infección. En casos extremos, las larvas de mosquito pueden causar la muerte de las plantas. Les gustan mucho las áreas con mucha humedad y una alta humedad. Probablemente notarás los mosquitos adultos antes de que tenga algún problema. Como adultos, estos mosquitos miden alrededor de tres milímetros de largo y se parecen a los mosquitos. Tienden a ser de color gris-negro con un par de patas largas y alas claras. Sus larvas tienen cabezas negras brillantes con un cuerpo blanquecino y transparente.

HIDROPONÍA

Los adultos suelen vivir una semana y en ese tiempo ponen hasta 300 huevos. Las larvas tardan media semana en emerger, pero cuando lo hacen, comienzan una dieta de dos semanas donde su plato principal son las raíces de las plantas. Cuando se alimentan de tus plantas, hacen que se marchiten, atrofian su crecimiento y causan un amarillamiento de sus hojas. Estas pequeñas cosas desagradables pueden tener muchas generaciones viviendo de la misma planta.

Si sospechas que hay una infestación de mosquito de los hongos, debes inspeccionar tus plantas volteando cuidadosamente la tierra alrededor de sus tallos y buscando larvas. Si revisas una planta y de repente se desprende un montón de mosquitos adultos, entonces debes deshacerte de esa planta. Les gusta mucho la tierra húmeda, así que asegúrate de no regar demasiado tus plantas. Si tienes un problema de mosquitos de hongos, dejar que tu maceta drene por más tiempo ayudará a matar a las larvas y arruinará el desarrollo de los huevos de los mosquitos de hongos. También puedes rociar tus plantas con una combinación de aceites de menta, canela y sésamo. Esta mezcla se llama mata insectos voladores y ayudará a deshacerse de los mosquitos.

Moscas blancas

Casi del mismo tamaño que las arañas rojas, las moscas blancas parecen pequeñas polillas blancas que se alojan en las plantas. Son más fáciles de detectar, pero como se alejan cuando las molestas, pueden ser difíciles de matar. Como los áfidos, disfrutan de chupar los jugos de su planta y sus daños se reflejan en manchas blancas y amarillamiento de las hojas.

Tienden a poner de 200 a 400 huevos en racimos en la parte inferior de las hojas más altas. Estos huevos eclosionan en una semana y salen pequeñas ninfas poco atractivas que se arrastran por las hojas antes de que les crezcan alas. Estas ninfas se separarán del huevo y encontrarán un lugar para empezar a masticar las hojas. Se quedarán en ese lugar durante la próxima semana más o menos antes de convertirse en jóvenes adultos que repetirán el ciclo de movimiento-alimentación.

HIDROPONÍA

Las mariquitas y los crisopas disfrutan comiendo moscas blancas, así que introducirlas en su jardín puede ayudar a matar las poblaciones de moscas blancas. La eliminación de las plantas con una fuerte explosión de agua también ayudará a reducir su número. Hay un montón de pesticidas orgánicos en el mercado que puedes conseguir para tratar con las moscas blancas. Estos plaguicidas también pueden funcionar para las otras plagas, pero los plaguicidas deben ser una opción de último recurso, con la que se tenga cuidado para no provocar un estrés indebido en las plantas.

Prevención de plagas

Ahora que tenemos una idea de las plagas que son más comunes en los jardines hidropónicos, volvamos nuestra atención hacia cómo evitar que estas plagas entren en nuestros jardines en primer lugar. Muchas de estas técnicas nos ayudarán a identificar una posible infestación mientras se trata de empezar y así nos ofrecen advertencias tempranas para prepararnos para combatir las plagas. Si mantenemos nuestras medidas preventivas y mantenemos los ojos bien abiertos para las plagas, entonces podemos ahorrarles a nuestras plantas muchos daños y a nosotros mismos mucho tiempo cortando el problema de la raíz.

Cuando se trata de plagas también es importante entender que no todas las plagas son iguales. Esto no solo significa que las moscas blancas son diferentes de los mosquitos de los hongos. Lo que significa que los mosquitos del hongo de la costa oeste serán diferentes de los mosquitos del hongo de la costa este. No todas las soluciones para la prevención o el exterminio funcionarán. Un cierto pesticida puede ser usado para matar mosquitos en el este, pero los del oeste pueden haber desarrollado una inmunidad a él. Por esta razón, es importante comprobar con su tienda local de hidroponía para ver si hay alguna información específica de la región que necesita para hacer frente a su problema de plagas.

HIDROPONÍA

Una de las formas de prevenir las plagas es asegurarse de limitar su capacidad de entrar en nuestro jardín en primer lugar. Podemos hacer esto de varias maneras. Las mosquiteras ayudan mucho a mantener alejadas a las plagas. También queremos limitar la cantidad de tráfico alrededor de nuestras instalaciones. Si es posible, nuestras instalaciones se beneficiarán enormemente si pueden ser protegidas por entradas de esclusas de aire, ya que estas ofrecen la protección más segura contra las plagas y los patógenos. Las esclusas pueden ser duplicadas para crear un espacio antes del jardín en el que se pueda limpiar la suciedad y cualquier insecto o huevo que se encuentre en la ropa.

Para ver si las plagas empiezan a aparecer en el jardín, usa trampas pegajosas alrededor de las plantas. Las trampas pegajosas amarillas y azules son útiles, ya que atraen diferentes plagas, así que debes asegurarte de usar ambos tipos para obtener los mejores resultados. Coloca las trampas cerca de cualquier entrada de tu jardín, como puertas o sistemas de ventilación. Además, asegúrese de colocar una o dos cerca de los tallos de sus plantas para atrapar a aquellas plagas que prefieren picar en los trozos inferiores, como los áfidos o los mosquitos del hongo. Acostúmbrate a revisar estas trampas con regularidad ya que pueden darle una gran idea de qué tipo de vida estás llamando a tu jardín hogar.

Mientras que las trampas nos ayudarán a adelantarnos en la lucha contra cualquier infección, no son un método infalible cuando se trata de evitar las plagas. Las trampas deben ser utilizadas junto con controles personales al azar. Esto significa que debe revisar sus plantas para detectar plagas un par de veces a la semana. Tome un paño limpio y revise la parte inferior de sus hojas. Revise alrededor de las raíces en busca de larvas de mosquito. Puede revisar la parte superior de las hojas visualmente. Busque cualquier signo de amarillamiento o marcas de mordeduras como se describe arriba.

Asegúrate de eliminar cualquier maleza que eche raíces en tu jardín, ya que estas plantas solo van a minar los recursos del jardín y ofrecer un caldo de cultivo para las plagas. También elimina la materia vegetal muerta o caída, por supuesto. Esto incluye las hojas, pero también cualquier fruto, brotes o pétalos que se hayan caído.

Finalmente, antes de introducir nuevas plantas en el jardín, asegúrate de ponerlas en cuarentena para que puedas comprobar si hay plagas. Puedes usar una lupa para ver más de cerca si lo necesitas. Inspecciona bien las nuevas plantas, asegurándote de revisar todas las partes de la planta y la tierra de la maceta antes de transferirlas.

Creando un sistema y un programa para inspeccionar sus plantas, puede evitar que una infestación de plagas arruine su jardín o le cause muchos dolores de cabeza. Un ojo vigilante le dará la ventaja tanto en la prevención como en el tratamiento de cualquier tipo de problema que tenga con las plagas. Recuerda, una defensa fuerte es la mejor ofensiva cuando se trata de mantener sus plantas sanas y libres de daños.

Enfermedades hidropónicas comunes

La enfermedad es horrible, ya sea que hablemos de los humanos o de nuestras plantas. En el último capítulo, vimos cómo mantenemos un jardín saludable para evitar que los patógenos se apoderen de nuestros sistemas. Aquí veremos las enfermedades más comunes a las que se enfrentan los cultivadores hidropónicos.

Deficiencia de hierro

Cuando sus plantas no obtienen suficiente hierro no podrán producir suficiente clorofila. Esto significa que sus hojas se volverán de un amarillo brillante con venas de un verde intenso. Si se dejan sin tratar, las hojas comenzarán a volverse blancas y luego comenzarán a morir. Esto resultará en un retraso en el crecimiento y en la muerte de la planta en su conjunto. Estos signos de deficiencia de hierro se parecen mucho a algunas de las otras enfermedades, por lo que es importante que confirmes que es una deficiencia de hierro antes de comenzar el tratamiento.

HIDROPONÍA

Para diagnosticar una deficiencia de hierro, vas a querer probar tu operación de crecimiento. Debes hacer una prueba de pH y comprobar los números. Más de 7.0 puede causar que muchas plantas dejen de absorber hierro. También, realiza una lectura de EC y revisa sus niveles, ya que puede tener un desequilibrio. Recuerda que un control de EC no confirma cuántos de cada nutriente hay en su solución, por lo que puede considerar cambiar la solución de nutrientes por un lote recién balanceado.

Si has identificado una deficiencia de hierro, lo primero que debes hacer es fijar el pH y los niveles de

EC y ponerlos dentro del rango apropiado. También puede comprar hierro líquido que utiliza para rociar sus plantas. Pulveriza el hierro líquido directamente sobre las hojas. El hierro líquido es solo una solución rápida y no la solución, por lo que, si muestra resultados, entonces considera ajustar la solución de nutrientes para incluir más hierro.

Mildiú polvoriento

El mildiú polvoroso es una enfermedad micótica fácilmente reconocible. Causada por especies de hongos, esta enfermedad prospera en plantas en áreas con menos humedad en el medio de cultivo y le encanta especialmente cuando los niveles de humedad son altos en la superficie de las plantas. Este moho comienza en las hojas más jóvenes de las plantas y se ve como pequeñas ampollas en todas ellas. Estas ampollas están ligeramente levantadas y hacen que las hojas se enrosquen. Este rizo expone las partes inferiores de la estructura de la hoja para un acceso más fácil. Las hojas que han sido infectadas parecen estar cubiertas de un antiestético polvo blanco. Si no se tratan, las hojas se vuelven marrones y se caen. Principalmente ataca a las hojas nuevas y así las hojas más viejas y maduras de la planta tenderán a estar libres de la infección.

HIDROPONÍA

Para lidiar con el mildiú polvoriento, hay que podar parte de la planta para abrirla a un mejor flujo de aire. Esto ayudará a reducir la humedad de la planta para que sea menos atractiva para el mildiú polvoriento. Retira cualquier follaje que ya esté infectado y asegúrate de limpiar cualquier materia vegetal caída. Un espray hecho con 60% de agua y 40% de leche puede ser usado una vez cada dos semanas para ayudar a prevenir el mildiú polvoriento. También lave sus plantas de vez en cuando, ya que esto ayudará a prevenir tanto el mildiú polvoriento como una variedad de plagas. Se puede aplicar un fungicida si el problema es extremo, pero también se corre el riesgo de dañar las plantas.

Moho gris

El moho gris recibe una variedad de nombres como moho de ceniza o mancha fantasma. Independientemente del nombre que le pongas, puedes detectarlo fácilmente. Comienza como pequeñas manchas grises en sus plantas que comienzan a convertirse en una abrasión gris borrosa que se consume en su planta hasta que se vuelve completamente marrón y no es más que una masa asquerosa. El moho gris se puede encontrar en un montón de plantas, pero es particularmente familiar para cualquiera que haya cultivado fresas, ya que arruina completamente las bayas que infecta.

Al moho gris le gusta asentarse cerca del fondo de la planta y en las áreas que la planta más sombrea. Tiende a comenzar en las flores que se han marchitado y luego se extiende rápidamente a las hojas y al tallo. Le gustan mucho las zonas con una alta humedad. Las plantas infectadas comenzarán a pudrirse y si no se trata, el moho gris es una de las enfermedades más repugnantes que hay que tratar. A las esporas les gustan las temperaturas frescas y la alta humedad y pueden entrar directamente en el tejido sano de las plantas, por lo que sus plantas son especialmente susceptibles después de un recorte.

La poda de las plantas o la instalación de un enrejado ayuda a mejorar la circulación del aire y a reducir la humedad de las plantas para que el moho gris las desee menos. También puedes usar un pequeño ventilador para aumentar el flujo de aire alrededor de sus plantas. Siempre elimina cualquier materia vegetal caída. Si rocías las plantas por la mañana, dale tiempo para que se sequen para que el moho gris se interese menos por el cantero. Los fungicidas también pueden ayudar a combatir las infecciones de moho gris.

Prevención de la enfermedad

Vimos en el último capítulo cómo mantenemos nuestros jardines hidropónicos. Estos pasos también son importantes porque nos ayudan a prevenir que las enfermedades se afiancen en nuestros jardines. Debido a que están directamente relacionados con nuestra conversación aquí en este capítulo, reconocerán mucha de esta información. Sin embargo, es de vital importancia para mantener las enfermedades fuera de tu jardín, por lo que vale la pena volver a comentarla.

Lo más importante que podemos hacer para ayudar a nuestras plantas a evitar que se enfermen es asegurarnos de que estén sanas y no estén demasiado estresadas. Esto significa que queremos comprobar nuestros niveles de pH y EC regularmente para asegurarnos de que están en el rango adecuado. También debemos asegurarnos de limpiar nuestro depósito de vez en cuando y de tener un programa para eliminar la solución antigua y volver a llenarla con una nueva y recién balanceada. Esto ayudará a que sus plantas se mantengan saludables, lo que las ayudará a defenderse de los ataques de los patógenos.

También debes mantener tu jardín tan limpio como sea posible. Al igual que con las plagas, el uso de un sistema de esclusa de dos puertas le dará un área en la que limpiar antes de entrar en el jardín. Hacer esto ayuda a eliminar la suciedad de su persona, que es absolutamente el camino principal para que los patógenos se introduzcan en su configuración. Asegúrate de limpiar tus manos y cualquier herramienta que planees usar en el jardín antes de empezar a jugar.

También, limpia tus botas y considera quitarte cualquier chaqueta o ropa de exterior que tengas puesta.

Limpie cualquier derrame tan pronto como ocurra para evitar la introducción de humedad adicional y la humedad alrededor de las plantas, ya que estos atraen enfermedades. También asegúrate de que estás eliminando cualquier materia vegetal muerta tan pronto como la veas. La materia vegetal muerta se convierte en un caldo de cultivo tanto para las plagas como para las enfermedades. Revisas tus plantas para detectar enfermedades con regularidad y elimina las que muestren signos de infección grave. Considere la posibilidad de lavar tus plantas dos veces por semana más o menos para eliminar cualquier plaga o infección que pueda estar tratando de establecerse.

Manteniendo la vigilancia y el mantenimiento de su jardín, puedes evitar que las enfermedades se afiancen y asegurarse de que está criando cultivos saludables y hermosos.

HIDROPONÍA

Resumen del capítulo

- Las plagas pueden ser una de las partes más molestas de cuidar un jardín hidropónico, pero el cuidado adecuado ayudará a prevenir la infestación.

- Las arañas rojas son arañas diminutas que se comen las plantas y causan pequeñas manchas marrones y amarillas en las hojas.

- Las arañas rojas pueden ser identificadas por la telaraña que dejan atrás o por los rastros de sangre que dejan cuando limpian el fondo de las hojas.

- Puedes tratar con las arañas rojas regando tus plantas o introduciendo insectos beneficiosos en tu jardín.

- Los áfidos son pequeñas plagas parecidas a los piojos que se alimentan de los jugos de las plantas y las dejan deformes, amarillentas y cubiertas de una sustancia pegajosa conocida como melaza.

- Rociar las plantas puede ayudar a desalojar a los áfidos. Espolvorear harina en las plantas estreñirá a los áfidos y les ayudará a migrar lejos de su jardín. También se puede usar una mezcla de agua jabonosa para matarlos.

- Los tisanópteros son criaturas diminutas que dejan pequeñas manchas negras metálicas en las hojas de las plantas.

- Los tisanópteros ponen sus huevos en el interior de tus plantas, así que lave las plantas con una manguera, elimina cualquier planta infestada y considera la posibilidad de introducir insectos beneficiosos en el jardín para comer los tisanópteros.

- Los mosquitos de los hongos no dañan su jardín cuando están en su etapa adulta, pero sus larvas pican las raíces de sus plantas, lo que hace que se marchiten, se vuelvan amarillas y causen un retraso en el crecimiento.

- Las larvas de mosquito de los hongos se absorben en el medio de cultivo, así que comprueba si hay alguna infestación en los canteros de las plantas. Si una planta envía un grupo de mosquitos adultos, puedes asumir que está infectada y deshacerte de ella. Rociar las plantas con insecticida volador también puede ayudar a cuidar de los mosquitos.

- Las moscas blancas parecen pequeñas polillas y les encanta chupar las plantas para secarlas, dejándolas con manchas blancas o amarillas en las hojas.

HIDROPONÍA

- Introduce insectos beneficiosos en el jardín para tratar con las moscas blancas. La eliminación de las plantas también ayuda y los pesticidas orgánicos sirven como un último esfuerzo contra ellas.

- Consulta siempre en la tienda hidropónica o de jardinería local si las plagas de su zona son inmunes a alguna de las opciones de tratamiento conocidas.

- Limita el acceso a tu jardín ayudará a limitar las posibilidades de infestación. Las puertas de malla y las esclusas de aire ofrecen una gran protección.

- Coloca trampas azules y amarillas dentro y alrededor de tu jardín, asegurándote de tener algunas alrededor del tallo de tus plantas. Estas dan las primeras advertencias de infestación.

- Revise tus plantas y rocíalas con agua de vez en cuando. Un control minucioso dos veces por semana debería ser suficiente.

- Si planeas introducir una nueva planta en tu jardín, asegúrate de ponerla en cuarentena y comprobarla a fondo para ver si hay alguna infestación o infección antes de plantarla.

- La deficiencia de hierro hace que sus plantas tengan venas de color verde oscuro y amarillamiento en el medio. Comprueba el pH y los niveles de EC para ver si hay signos de problemas. Pulveriza hierro líquido para ver si ayuda y considera introducir más hierro en tu mezcla de nutrientes.

- El mildiú polvoriento es como un polvo blanco sobre las plantas que puede causar la muerte de las hojas. Abre la planta para que circule mejor el aire, elimina cualquier follaje infectado y considera la posibilidad de rociar con agua de leche, así como de lavar las plantas de vez en cuando.

- El moho gris es la más grave de las enfermedades y la más fácil de detectar. Poda las plantas para abrirlas a un mejor flujo de aire, elimina la materia vegetal muerta o infectada y considera el uso de un fungicida.

- La mejor manera de prevenir las enfermedades es manteniendo nuestras plantas bonitas y saludables. Sigue los pasos descritos en el capítulo 5, revisa tus plantas en busca de signos de infección y cuídalas con lavados programados, de esta manera podrás evitar que tu jardín sufra daños importantes.

HIDROPONÍA

En el próximo capítulo, veremos algunos de los errores que los nuevos cultivadores son propensos a cometer y veremos cómo podemos evitar cometerlos nosotros mismos. También veremos algunos de los mitos que rodean al cultivo hidropónico para disipar cualquier idea falsa que podamos tener sobre él.

CAPÍTULO SIETE

MITOS Y ERRORES QUE SE DEBEN EVITAR

Nuestro tiempo juntos casi ha llegado a su fin. Antes de que salgas y te pongas a trabajar en tu propio jardín, tomemos el tiempo para ver algunos de los errores y mitos que aparecen frecuentemente en las discusiones sobre la jardinería hidropónica. Al escarbar en los mitos para encontrar la verdad y aprender de los errores de los que nos precedieron, podemos beneficiarnos del conocimiento y evitar cometer los mismos errores nosotros mismos.

Error: Configuraciones difíciles de usar

Cuando se establece un jardín hidropónico, es importante que se considere lo difícil que será de usar. ¿Vas a tener dificultades para alcanzar las plantas de la parte de atrás porque pusiste el jardín contra una pared? ¿Vas a chocar con las luces cada vez que trates de cuidar la cama porque el espacio es demasiado pequeño y estrecho?

Cuando se establece un jardín es importante que se consideren cuestiones como el espacio físico en el que se sentará. Quieres asegurarte de que puedes llegar a todas tus plantas sin tener que luchar. Si estás tirando las luces o tirando la espalda para alcanzar las plantas, entonces la instalación no va a ser muy buena. Lo más probable es que termines rompiendo algo o descuidándolo. Considera las formas en que te mueves a través del espacio del jardín y asegúrate de que eres capaz de alcanzar todo.

También debes asegurarte de que puedes llegar a tu reserva fácilmente. Aunque puede ser tentador simplemente apoyar la bandeja de cultivo en la parte superior del depósito, considera cómo esto podría causar problemas cuando llegue el momento de cambiar la solución de nutrientes. ¿Tendrás algún lugar donde colocar la bandeja de cultivo mientras tienes que jugar con el depósito? Si no es así, ¿cómo piensas hacerlo?

Vimos en el capítulo cinco todos los diferentes pasos que damos para mantener nuestro jardín hidropónico. Lee esos pasos de nuevo antes de montar tu jardín y asegúrate de que tu configuración te permite realmente entrar en el jardín y tomar esas acciones. Si no, entonces querrás reconsiderar el diseño.

Mito: Los jardines hidropónicos son solo para sustancias ilegales

Parece que cada vez que la hidroponía aparece en las noticias es en relación con alguna operación de cultivo ilegal que ha sido arrestada por la policía. Esto ha llevado a un estigma alrededor de la hidroponía, uno que realmente no merece. Solo porque sucede que muchos cultivadores ilegales usan instalaciones hidropónicas, no significa que la hidroponía se use solo para fines ilegales.

Como vimos arriba, vimos a un libro entero sobre hidroponía y ni una sola vez mencionamos ninguna droga. Miramos cómo la hidroponía ayudará a nuestros jardines de hierbas a producir un 30% más de aceites aromáticos. Hablamos de vegetales y frutas. Ni una sola vez hablamos de sustancias ilegales.

Esto se debe a que la hidroponía es un sistema para el cultivo de plantas. Esas plantas no necesitan ser ilegales. Pueden serlo, sí. Pero también pueden ser las verduras de jardín que se sirven en una ensalada. La hidroponía es un gran sistema para el cultivo de plantas y es un sistema que puedes manejar desde el interior de tu casa, lo que significa que puedes esconder tu jardín fácilmente. Pero la hidroponía en sí misma no es ilegal, no significa que estés participando en actividades ilegales y este mito en particular debe cesar ya.

Error: Elegir los cultivos equivocados para tu tipo de clima

Te enteras de un nuevo cultivo en uno de los sitios de jardinería que revisas en línea. Suena como si fuera muy divertido de cultivar, una especie de baya de la que nunca has oído hablar y la gente dice que lo hace muy bien en una instalación hidropónica. Pides algunas semillas, las plantas y crecen, pero no dan los resultados que querías. Para ver qué sale mal, buscas más en Google la planta y te das cuenta de que tiene que estar en un ambiente árido y súper caliente. Y estás viviendo el invierno más frío de tu vida.

Diferentes plantas quieren diferentes climas y nada será más decepcionante que tratar de cultivar una planta a la que no le gusta el clima que puedes ofrecer. Siempre debemos hacer nuestra investigación sobre las plantas que queremos cultivar. Podemos hacerlo fácilmente con Google o yendo a nuestra tienda hidropónica local para hablar con el personal.

Mito: La hidroponía tiene que hacerse en el interior

Hemos hablado mucho sobre la hidroponía de interior en este libro. Esta fue una elección para resaltar el hecho de que podemos cultivar la hidroponía en interiores. Hay mucha gente ahí fuera que no tiene acceso a una parcela exterior en la que empezar un jardín. La mayoría de la gente que vive en un edificio de apartamentos tiene como mucho un balcón y muchos ni siquiera tienen tanto. Como se puede tener un jardín interior, la hidroponía ofrece una forma de que más gente se dedique a la jardinería.

Pero esto no significa que no puedas tener un jardín hidropónico al aire libre. Cuando cultivamos nuestros jardines en el interior, somos capaces de controlar las estaciones y realmente tomar un papel activo en el mantenimiento de la humedad y la temperatura, el tiempo que las luces de cultivo están encendidas y mucho más. Si cultivamos en el exterior, podemos ahorrar dinero en luces de cultivo usando el sol, pero también abrimos nuestro jardín a un mayor riesgo de plagas y enfermedades. Sin embargo, la hidroponía puede hacerse en cualquier lugar que se desee.

Error: Elegir las plantas equivocadas para tu configuración

Esto también podría llamarse "No hacer tu previa investigación". Al igual que la recolección de plantas que se adaptan a tu clima, también querrás asegurarte de que escoges plantas que funcionen bien en tu instalación. Algunas plantas funcionan mejor en diferentes sistemas. Algunas quieren menos agua; otras quieren un drenaje más lento y otras quieren más agua y otras quieren un drenaje más rápido.

Es importante que investigues las plantas que quieres poner en tu jardín. Hay cientos y cientos de sitios web repletos de información sobre cada planta que podrías considerar cultivar. Te dirán el pH y los niveles de EC de la planta, cuánto les gusta el ambiente, cuánta agua quieren y qué tipo de instalación hidropónica es la mejor para ellos. Miramos un puñado a lo largo de este libro, pero no hay manera de que pudiéramos haber cubierto todas ellas. Pero Google es tu amigo.

Así que asegúrate de hacer tu investigación y planear tu jardín. Prepararse con información evitará errores costosos. No solo cuesta el crecer, sino que también hay un costo de tiempo y perderás semanas antes de darte cuenta de que cultivar esa planta es una batalla perdida.

Mito: La hidroponía es súper cara

Este mito tiene una buena razón de ser. La verdad es que la hidroponía puede ser cara. Puede serlo. Pero solo porque pueda serlo no significa que siempre lo sea. Cuando vayas a la tienda de hidroponía y mires todos los precios y te convenzan de comprar más de lo que realmente necesitas, entonces será caro. Pero como muchos pasatiempos, depende de la seriedad con la que quieras tomarlo y siempre puedes empezar despacio.

Hay muchas maneras de reducir los costos al iniciar tu jardín. Buscando en línea puedes encontrar cientos de guías de bricolaje para comenzar una instalación hidropónica. Nosotros mismos vimos tres opciones bastante baratas en el capítulo dos. Estas ofrecen grandes maneras de probar la jardinería hidropónica para el nuevo cultivador. Puedes ensuciarte las manos y ver si es algo que disfrutas antes de gastar mucho dinero. Hablando de gastar mucho dinero...

Error: Ampliar la operación demasiado pronto

Empezar demasiado grande puede ser un terrible error. Para empezar, significa hundir mucho dinero para crecer justo en la puerta. Antes de hacer esto, deberías tener al menos algo de experiencia con la hidroponía. Otro gran problema es que hasta que no tengas algo de experiencia no sabes cómo cuidar mejor tu jardín y cada paso en el ciclo de operación va a ser una experiencia de aprendizaje. Esto no es malo cuando empezamos en pequeño, pero empezar en grande significa que cualquier error que cometamos en el camino nos va a costar mucho más.

Deberías empezar despacio y aprender con sutileza. A medida que avanzas puedes comprar equipos más caros, ya que puedes averiguar qué equipo necesitas realmente y qué equipo funciona mejor con tu estilo de crecimiento. A medida que aprendas la forma en que tus plantas se adaptan al sistema, conoce cómo crecen en tu instalación, entonces podrás comenzar a expandirte. Puedes comenzar a agregar otra bandeja de cultivo, tal vez dos. Pero agrega lentamente, tómate tu tiempo y asegúrate de tener una buena comprensión de cómo manejar un pequeño jardín antes de saltar a uno grande. Siempre puedes llegar allí, pero la paciencia te ayudará a salvarte de algunos errores verdaderamente devastadores en el camino. Una cosa es estropear una bandeja de cultivo, y otra es estropear una docena.

Mito: La hidroponía es antinatural

¿Qué pasó con solo clavar una planta en la tierra y dejarla crecer? La hidroponía parece ser mucho trabajo para hacer lo mismo. Las plantas también salen más grandes. Parece que debe haber algo antinatural sucediendo aquí. Deben ser todos esos químicos usados en la solución.

Por supuesto, este mito es una tontería. Estamos cultivando plantas y usando una mezcla natural en nuestras bandejas de cultivo. Mezclamos una solución de nutrientes, pero todos estos son nutrientes naturales que las plantas toman de la Tierra de todos modos. La hidroponía es solo un sistema de cultivo. Cultivamos plantas sanas como cualquier jardinero lo intenta. No hay productos químicos brutos que se utilizan para darnos un mejor crecimiento que el suelo. Todo lo que estamos haciendo es utilizar los deseos naturales de la planta para proporcionarle la experiencia de crecimiento más cómoda que podamos.

En cierto modo, la hidroponía es casi como tener una mascota. Hay perros salvajes en el mundo, pero nadie piensa que no es saludable tener un perro de mascota. Estamos tratando a nuestras plantas de la misma manera; estamos proveyendo sus necesidades para que puedan concentrarse en vivir. Solo en el caso de las plantas, vivir significa cultivar frutas o vegetales que podemos disfrutar después.

Error: No darle mantenimiento a tu jardín

Lo sé, lo sé. Ya has oído esto antes. Pero es el error número uno que cometen los nuevos cultivadores y

HIDROPONÍA

vamos a hablar de ello por última vez. El hecho es que el mantenimiento de tu jardín no solo significa cambiar el agua. No sólo significa que miramos el jardín cuando las plantas parecen enfermas e infectadas y se ponen a trabajar. Mantener nuestros jardines es un compromiso que cualquier jardinero debe cumplir.

¿Algo se derramó? Será mejor que lo limpie. ¿Hay materia vegetal muerta en tu bandeja de cultivo o en el suelo alrededor de tu instalación? Mejor limpia eso y deshazte de ello. A las infestaciones e infecciones les encanta crecer en estas condiciones. Así que revisa tus plantas, analiza el agua, limpia los canteros y muéstrales un poco de amor. No dejarías que tu perro durmiera en su propia basura, así que ¿por qué dejarías tus plantas? El mantenimiento de tu jardín es lo más importante que puede hacer como nuevo cultivador.

Traten bien a sus plantas.

Error: Olvidarse de divertirse

Si estás cultivando porque quieres vender tus cosechas, es una buena razón para hacerlo. Pero trata de divertirte. Para muchos, este es un pasatiempo agradable y les trae mucha paz. Cuando empiezas a involucrarte con el dinero, puede ser fácil perder la pista de eso. No olvides tomarte un tiempo para oler las rosas. O los tomates, lo que sea que estés cultivando.

HIDROPONÍA

Resumen del capítulo

- Debes diseñar tu jardín hidropónico de manera que sea fácil de conseguir todas tus plantas y acceder al depósito sin chocar con las cosas o tirar las luces.

- Si bien muchas personas que cultivan cultivos ilegales utilizan los jardines hidropónicos, no hay nada ilegal en los sistemas de hidroponía ni es necesario utilizarlos para fines ilegales.

- Asegúrate de averiguar si las plantas que quieres cultivar funcionarán para tu clima.

- Los jardines interiores nos ofrecen un mayor control de nuestro medio ambiente hidropónico, pero esto no significa que tengas que poner tu jardín hidropónico en el interior.

- Siempre investiga las plantas que quieres cultivar. Asegúrate de que funcionen en tu configuración, entorno y en tus niveles de pH/EC.

- La hidroponía puede ser una afición cara, pero no cuesta mucho dinero empezar y hay muchas guías de bricolaje disponibles para ayudarte a crecer.

- Empieza por lo pequeño y ve subiendo hasta un gran jardín para que sepas cómo cuidar mejor de tus plantas.

- No hay nada antinatural en la jardinería hidropónica.

- Eliminar la materia vegetal muerta, limpiar los derrames, comprobar el pH y los niveles de EC. No mantener su jardín es una forma segura de perderlo y el mayor error que cometen los nuevos cultivadores.

- ¡Diviértete ahí fuera!

PALABRAS FINALES

Hemos recorrido un largo camino a lo largo de este libro. Empezando con una definición de hidroponía, hemos cubierto mucha información que le ayudará a comenzar su propio jardín hidropónico. Antes de terminar, repasemos un breve resumen de lo que hemos cubierto y compartamos algunas palabras sobre a dónde ir desde aquí.

La hidroponía ha existido literalmente desde hace siglos, pero está empezando a despertar un serio interés. Estos jardines pueden requerir un poco de trabajo para su instalación y mantenimiento, pero ofrecen una gran manera de cultivar. Nos enfocamos aquí en aquellos que buscan comenzar con la hidroponía, así que adaptamos nuestra información hacia el principiante. Las lecciones que cubrimos, sin embargo, tienen todo lo que el principiante necesita para empezar y comenzar el camino hacia el experto.

Tenemos seis configuraciones primarias para elegir cuando se trata de qué tipo de sistema queremos establecer. Vimos cómo instalar sistemas de agua profunda, de mecha y de goteo. Estos son los sistemas más fáciles para las instalaciones de bricolaje y los principiantes, pero también hay aeropónicos, sistemas de flujo y reflujo y sistemas de técnica de película de nutrientes. Estos sistemas son más complicados de lo que se recomienda para un principiante, pero te animo a que los investigues más a medida que te sientas más cómodo con la hidroponía.

Hay cuatro elementos clave que vimos como el ciclo de operación del jardín hidropónico. Estos son el suelo, la siembra, la iluminación y el recorte. Al entender cómo funciona cada uno de estos elementos, somos capaces de manejar el ciclo de crecimiento de nuestras plantas. Hay muchas opciones disponibles para el suelo y varias para la iluminación. Encontrar la combinación adecuada para usted tomará un poco de investigación, pero en última instancia, debe decidirse qué plantas desea cultivar.

Hablando de plantas, hemos visto que hay una tonelada de plantas que funcionan muy bien en los jardines hidropónicos. Las hierbas cultivadas en un jardín hidropónico tienen un 30% más de aceites aromáticos que las cultivadas en tierra. La lechuga en particular adora absolutamente el cultivo hidropónico. Cada planta tiene sus propias preferencias en cuanto a la cantidad de agua que quiere, el nivel de pH que más le gusta y la temperatura que necesita para crecer. Por esta razón, tenemos que investigar nuestras plantas y asegurarnos de que solo crecen las que son compatibles entre sí.

También aprendimos a mezclar nuestras propias soluciones de nutrientes para que podamos proporcionar a nuestras plantas lo que necesitan para crecer. Hay muchas opciones premezcladas disponibles

HIDROPONÍA

a la venta también. Tomar el control de nuestra propia mezcla es solo otra forma en que podemos acercarnos a nuestras plantas y proveerlas de la mejor manera posible.

La importancia de mantener un jardín limpio no puede ser suficientemente enfatizada y por eso pasamos tiempo aprendiendo cómo cuidamos nuestros jardines. La información del capítulo cinco puede ser usada para construir tu propio programa de mantenimiento. Para ello, debes fijarte en la frecuencia con la que hay que realizar cada paso de mantenimiento y planificar con antelación para no olvidarlo. Es súper importante que cuidemos nuestras plantas porque no queremos que estén en ambientes sucios ni queremos que estén demasiado estresadas. Un ambiente sucio y una planta estresada son una receta para la infestación e infección.

Exploramos algunas de las plagas más comunes que atacan nuestras plantas. Sin embargo, no las cubrimos todas. Eso tomaría un libro entero. Las plagas que cubrimos son las más probables con las que tendrá que lidiar, pero eso no significa que sean las únicas. Es bueno que también hayamos aprendido a prevenir las plagas. Los pasos preventivos que aprendimos también nos ayudarán a detectar cualquier plaga que no hayamos cubierto. Si encuentras algo que no reconoces en una de tus trampas, entonces sabes que es hora de investigar más. Recuerde también que no todos los insectos son una plaga, ¡algunos nos ayudan comiendo plagas!

HIDROPONÍA

La infección es un riesgo en todos los jardines y por lo tanto nuestra herramienta número uno para prevenir que los patógenos dañinos ataquen nuestras plantas es asegurarnos de que nuestras plantas sean bonitas y fuertes. Si limpiamos nuestros jardines, les proporcionamos nutrientes mezclados a nuestro gusto, les damos el amor y el cuidado que necesitan, las mantenemos saludables y sin estrés. Si bien la infección todavía puede arraigarse en una planta sana, es mucho más probable que ataque a las plantas estresadas. Este paso preventivo combina lo que aprendimos en el capítulo seis sobre plagas e infecciones con las habilidades que practicamos en el capítulo cinco.

Por último, nos fijamos en los errores que son comunes a los jardineros hidropónicos principiantes. También explotamos esos mitos que rodean a la hidroponía para disipar las mentiras y falsedades que rodean a nuestro recién descubierto hobby. La búsqueda en línea de consejos o errores revelará muchas discusiones con jardineros hidropónicos que están escritas específicamente para ayudar a los principiantes como tú a pasar el tiempo más fácil y agradable posible en esta forma de jardinería.

Si estás emocionado por empezar, entonces te sugiero que empieces a planear tu jardín ahora. Necesitarás dedicarle un espacio y elegir qué sistema es más atractivo para ti y tu nivel de habilidad. Anota las plantas que te interesan más y empieza a reunir información sobre ellas; ¿qué entorno les gusta más? ¿Qué temperatura? ¿Cuánta luz necesitan? ¿Qué nivel de pH?

Una vez que sepas qué plantas quieres cultivar y qué sistema quieres, puedes empezar a construir una lista de compras. Junto con el hardware para configurar el sistema en sí, no te olvides de conseguir algunos kits de prueba de pH y un medidor de EC. También asegúrate de tener material de limpieza, ya que ahora sabes lo importante que es higienizar y esterilizar tu equipo. Este también es un buen momento para elaborar su programa de mantenimiento.

Una vez que tengas esta información puedes volver a este libro y usarlo como manual para recorrer cada paso del proceso de crecimiento. La información que hemos cubierto te llevará desde el principiante y, junto con la aplicación de la práctica, te convertirá en un profesional en poco tiempo. Pero lo más importante, no te olvides de divertirte.

www.ingramcontent.com/pod-product-compliance
Lightning Source LLC
Chambersburg PA
CBHW052057110526
44591CB00013B/2248